예비유아교사를 위한

# 학교현장실습

석은조 오성숙 공저

양성원

# 머리말

교원을 양성하는 대학이나 학과의 학생들은 학교현장실습을 통하여 교수역량 향상과 전문적 지식을 심화하여 실천적 지식의 기초를 갖추는 계기가 된다. 학생들이 어떻게 학교현장실습을 경험하게 되는가에 따라 현직에서의 역량과 정체성에 많은 영향을 미치게 될 것이다.

일반적으로 대학에서 학교현장실습의 과정이 먼저, 실습기관을 배정하고 사전교육을 통해 실습을 미리 준비하게 하고 학교현장실습 중에 실습지도를 나가게 되는데 일단 실습이 시작되면 실습생의 지도는 전적으로 학교현장에 의존하게 됨으로 학교현장실습의 양태가 너무 다양한 상황에서 담당교수, 현장의 원장 및 지도교사의 책무성이 크다고 볼 수 있다. 무엇보다 질 높은 예비유아교사를 양성하기 위해서는 1차적으로 대학에서 교수로서 학교현장실습의 효율성을 높이고자 얼마나 노력하고 있는지 반성하게 된다.

본 내용은 학생들의 실무적 이해를 높이기 위해 이론보다는 현장의 실제를 제시하여 학생들의 이해와 적용을 돕고자 하였고 학교현장실습에 임하기 전부터 진행과정에서 요구되는 것들을 순차적으로 제시하고자 하였다.

본 책은 총 5장으로 제1장 현장실습의 이해, 제2장 현장실습의 준비, 제3장 유아발달과 교사역할 이해, 제4장 수업안 작성의 실제, 제5장 현장실습의 평가로 구성하여 학교현장실습을 잘 수행하는데 필요한 지식과 기술 및 태도를 지닐 수 있도록 노력하였다.

각장마다 주요 내용을 소개하면, 제1장에서는 교육실습이 갖는 의미와 실습의 여러 유형들을 알기 쉽게 제시하였으며, 제2장에서는 교육실습의 준비과정으로 학교현장실습기관과 대학에서 실시하는 학교현장실습 계획, 내용과 방법들을 구체적으로 소개하고 있다. 제3장의 유아지도 부분은 교육실습생들이 많은 부담감을 가진다. 정해진 답도 없고 그때그때 상황에 따라 적절한 대응을 해야 하기 때문이다. 따라서 본 장에서는 경험이 부족하거나 전혀 없는 교육실습생들에게 어떻게 준비해야 하고 어떻게 대처해야 하는지 조금이나마 도움이 되고자 유아의 연령별 주요 발달 특징과 일과 중에 여러 가지 상황별 지도 사례를 제시해 두었다. 제4장에서는 무엇보다 교육실습을 임하는 교육실습생들이 가장 큰 어려움으로 수업계획과 실천이라고 할 수 있다. 이에 본 장에서는 수업안 작성의 구체적인 작성법을 체계적으로 제시하였고 수업활동의 실수를 미연에 방지할 수 있도록 수업전략의 유의사항들을 예를 들어 자세하게 제시하였다. 제5장에서는 교육실습생이 교육실습기간 동안 자신의 교육실습과정에 대한 점검과 부족한 부분에 대한 반성적 사고과정에 도움이 되는 다양한 유형의 평가 자료와 유아교육기관에서 활용할 수 있는 실질적인 평가 자료들을 제시하였다.

이 책이 학교현장실습 담당교수, 실습생, 학교현장의 지도교사들에게 학교현장실습 사전교육에 실제적인 도움이 될 수 있기를 진심으로 바라며, 본 책을 교재로 사용하시는 여러분들의 지도 편달을 부탁드리는 바이다.

끝으로 본 교재가 출판될 수 있도록 도움을 주신 양성원 여러 관계자님께 진심으로 감사의 마음을 전한다.

2017년 2월

저자

# 차 례

CHAPTER

# 01

# 현장실습의 기초적 이해

1. 현장실습의 개념
2. 현장실습의 목적 및 의의
3. 현장실습의 법적 기준
4. 실습의 유형

## 1 현장실습의 개념

유아교육현장은 각기 다른 특성을 지닌 유아들이 생활하는 역동적인 곳으로 예기치 못한 다양하고 복잡한 문제들이 발생한다. 따라서 기존의 이론이나 지식, 또는 다른 대상이나 상황에서 적용되었던 문제해결방식을 그대로 적용하여 문제를 해결할 수 없는 경우가 많다(석은조, 2005). 이때 이론적 지식을 실제와 연결하여 적용해보는 기회를 갖는 현장실습 경험은 예비유아교사에게 매우 중요하다.

현장실습은 예비유아교사가 학교에서 배운 이론이나 지식을 직접 교육현장에 적용해 보는 과정이다. 예비유아교사들은 이 과정에서 교육이론과 실제 현장과의 접목을 통해 교수에 관한 구체적인 기술을 배우고, 교사로서 자신의 태도와 적합성을 평가해 보고, 담임교사를 통해 교사로서의 교육적 신념을 형성・변화・발달시킬 수 있는 교사성장의 출발점이라 할 수 있다(안효진, 2005; 이연섭, 이석순, 박은미, 이명순, 손혜숙, 2004, 석은조, 이경하, 2009). Clement(2002)은 교사가 어떻게 느끼는지를 상상하는 것과 교사의 역할을 실제로 행하는 것은 서로 다른 경험이기 때문에 교사양성에 있어서 현장실습은 교사로서의 자질을 경험할 수 있는 아주 중요한 시기라고 하였다.

예비유아교사들은 이러한 현장실습을 통해 교육현장의 다양한 상황을 관찰하고 참여하는 기회를 가짐으로써, 학교에서 배운 이론적 지식을 재구성하여 교사로서의 실천적 지식을 구성하여야 한다(김남희, 손유진, 2008; 석은조, 2005; Connelly & Clandinin, 2000).

## 2 현장실습의 목적 및 의의

현장실습이란 교사양성 교육과정의 한 요소로서 예비유아교사들이 교사로서 갖추어야 할 지식, 기술, 태도 등을 실제 교육현장에서 직・간접적 경험을 통해 배우는 모든 과정을 의미한다(윤기영, 정현숙, 류칠선, 조인경, 신현수, 신은희, 2011).

이와 같이 교사가 되기 위한 필수과정인 현장실습의 목적과 의의를 정리하면 다음과 같다(정연희, 오임숙, 이은숙, 2013; 김유정 · 유은석 · 하정희, 2011; 김경의 · 임양금 · 박유미, 2015; 이현순, 2010).

첫째, 유아교사로서의 교육철학과 교직관의 형성이다.

예비유아교사는 현장실습 기간 동안 교육현장의 현실적 여건들을 직접적으로 부딪치게 되며 그 과정 속에서 교직자로서의 사명감과 책임감을 배울 수 있는 기회도 갖는다. 이러한 과정 속에서 유아교육에 대한 자신만의 철학도 발전시키게 되며 교직자로서의 자세와 사명감을 통한 교직관도 발전시키게 된다.

둘째, 유아교육에 대한 이론과 실제의 접목이다.

현장실습은 학교에서 배운 이론을 현장에 적용시켜 볼 수 있는 실천적 교직경험의 기회이다. 다양한 이론적 지식이 현장 교사직무수행에 어느 정도 도움이 되는지 확인할 수 있고, 이론과 실제 간의 한계를 이해하게 된다.

셋째, 유아교사로서 필요한 실천적이고 전문적인 지식과 기술의 습득이다. 관찰 · 참여, 실제 수업진행 등의 현장실습의 과정을 통해 예비유아교사는 유아교육에 대한 목표인식, 교육계획수립과 실행, 다양한 교수법, 유아에 대한 이해와 생활지도, 일과운영에 대한 이해 등 구체적인 교사 직무 수행의 지식과 기술을 습득하게 된다.

넷째, 유아교사로서의 자신의 장 · 단점 및 적성 파악이다. 현장실습은 교사로서 요구되는 다양한 능력과 특성이 있는지 알아볼 수 있는 기회이다. 실습기간 동안 자신이 유아들을 대상으로 지도를 잘할 수 있는지, 교사로서의 능력과 특성을 잘 갖추고 있는지 등 자기이해 및 자기평가의 기회를 가져볼 수 있다.

다섯째, 유아교육기관 환경에 대한 이해이다. 유아교육기관에서는 교사, 영유아, 학부모 등의 다양한 인적 환경과 유아교육기관 시설의 환경에 놓여 있는 교재와 교구 등과 같은 물적 환경이 구성되어 있다. 예비유아교사는 현장실습기간 동안 이러한 유아교육기관의 환경이 유아들에게 어떠한 의미와 역할을 하는 것이며, 그 환경 관리에 대한 전반적인 이해의 틀도 넓힐 수 있다.

즉, 역동적인 유치원 현장에서 하루일과를 통해 직접 유아들을 관찰하고 만나고 이해하는 경험과 일정기간 동안 지도교사의 실제 수업을 참관하면서 교수학습방법을 이해하는 실습과정은 학교에서 배운 이론적 지식을 재구성하며 실천적 지식을 구성할 수 있는 좋은 기회이다. 예비유아교사는 이러한 현장실습을 통해 유아교육현장을 좀 더 종합적으로 이해하고 유아교사로서의 자기 성장이 이루어지도록 해야 한다(석은조, 이경하, 2009).

## 3 현장실습의 법적 기준

학교현장실습은 유치원교사 자격 취득을 위한 필수 과정으로 교육부에서는 이와 관련한 법적 기준과 규정 사항을 교원자격검정 실무편람에 제시하고 있다.

다음은 교원자격검정 실무편람의 학교현장실습 관련 사항이다(교육부, 2016).

### 1) 학점기준

#### (1) 2008학년도 입학자까지

- 교직이론 : 일선 교육현장에서 필수적으로 요구되는 최소한의 교육학 하위 영역
- 4년제 대학 : 14학점 이상(7과목 이상)
- 전문대학 : 10학점 이상(7과목 중 5과목이상)을 선별 또는 통합하여 이수
- 교과교육(4학점 이상) : 표시과목별 지도내용, 지도방법 등
- 교육실습(2학점 이상) : 수업실습, 참관실습, 실무실습 등

#### (2) 2009~2012학년도 입학자

- 교직이론(14학점, 7과목 이상) : 일선 교육현장에서 필수적으로 요구되는 최소한의 교직이론영역(교과목명 일치)
- 교직소양(4학점 이상) : 교직실무(2학점), 특수교육학개론(2학점)

- 교육실습(4학점 이상) : 학교현장실습 2학점 이상(수업실습, 참관실습, 실무실습 등), 교육봉사활동 2학점(P/F제 가능) 이내 포함

### (3) 2013~2016학년도 입학자

- 교직이론(12학점, 6과목 이상) : 일선 교육현장에서 필수적으로 요구되는 최소한의 교직이론영역(교과목명 일치)
- 교직소양(6학점 이상) : 교직실무(2학점), 특수교육학개론(2학점), 학교폭력 예방의 이론과 실제(2학점)
- 교육실습(4학점 이상) : 학교현장실습 2학점 이상(수업실습, 참관실습, 실무실습 등), 교육봉사활동 2학점(P/F제 가능) 이내 포함

### (4) 2017학년도 입학자 이후

| | | |
|---|---|---|
| 교직이론 | 12학점, 6과목 이상 | 일선 교육현장에서 필수적으로 요구되는 최소한의 교직이론영역(교과목명 일치) |
| 교직소양 | 6학점 이상 | 교직실무(2학점), 특수교육학개론(2학점), 학교폭력 예방 및 학생의 이해(2학점) |
| 교육실습 | 4학점 이상 | 학교현장실습 2학점 이상(수업실습, 참관실습, 실무실습 등), 교육봉사활동 2학점(P/F제 가능) 이내 포함 |

## 2) 교육실습 영역 및 유의사항

### (1) 영역

| 교과목 | 기본교수요목 |
|---|---|
| 학교현장실습 | • 대학에서 교육실습 이론교육을 이수한 후 취득하고자 하는 교사자격증에 해당하는 유치원 및 초등 · 중등 · 특수학교에서 직접 교육실습을 실시한다.<br>※운영형태 : 참관실습, 수업실습, 실무실습(보건교사, 사서교사, 전문상담교사, 영양교사는 직무중심의 실무실습을 주로 하되, 참관 및 수업실습도 병행 가능)<br>• 대학의 장은 선정된 협력학교의 여건을 고려하여 매년 학교현장실습계획을 수립 시 다음과 같은 사항을 반영한다.<br>1. 참관 · 수업실습 : 교과(군)수업과 창의적 체험활동 수업참관을 포함<br>2. 실무실습 : 취득하고자 하는 자격증의 직무 및 수업, 학생평가 실무를 포함<br>3. 학교현장실습의 구체적 실습 목적에 따라 구분하여 운영 권장<br>(예시) 초등 : 2학년 참관 – 3학년 수업 – 4학년 실무<br>중등 : 참관 및 수업실습 주간(2주)과 수업과 실무실습주간(2주)으로 구분 운영 |
| 교육봉사활동 | • 유치원 및 초 · 중 · 고등학생을 대상으로 보조교사, 부진아 학생지도, 방과후교사, 초등돌봄교실 및 자유학기제 관련 활동, 다문화 학생지도, 학생 생활지도 관련 활동, 재능기부 등을 교육적인 방법으로 교육봉사를 실시하며, 세부기준은 대학에서 정한다.<br>• 중등 예비교원의 경우, 중학교 자유학기제 운영을 경험할 수 있는 교육봉사활동 계획을 포함할 수 있도록 한다.<br>※최소 30시간 이상을 1학점으로 인정, 졸업 시까지 일정 시간 이수 |

### (2) 유의사항

- 교육실습영역 학점 당 기준시간
  - 학교현장실습 : 전일제로 실시하는 경우 1학점 당 2주로 하며 학교현장실습 기간 중 공휴일 등이 포함되어도 상관없음. 단, 실습기간이 연속되지 않은 학교현장실습은 1학점 당 80시간 이상을 기준으로 함(고시 제6조 4항).
  - 교육봉사활동 : 1학점 당 30시간 이상을 기준으로 함(고시 제6조 9항).

- 교육실습의 면제 또는 대체
  - 복수전공에 의하여 둘 이상의 교사자격증을 취득하고자 하는 경우 자격종별에 상관없이 학교현장실습은 주전공 과목으로 한번만 실시하며, 복수전공의 학교현장실습은 면제함. 단, 교과의 특성상 부득이한 경우 복수전공이나 부전공과목으로 실시 가능함.
  - 이미 2급 이상의 교사자격증을 소지한 자가 대학(교육대학원 포함)에서 교사자격증을 취득하고자 하는 경우 취득할 교사 자격종별에 상관없이 교육실습영역 전체를 면제 가능함. 다만, 표시과목이나 자격종별이 다른 경우 학교현장실습 면제에 대한 사항은 대학의 '교원양성위원회' 심의를 거쳐 대학의 장이 결정함.
  - 산학겸임교사 등(명예교사 제외)의 경우 취득하고자 하는 교사자격증과 동일분야에서 1년 이상 전일제 교육경력이 있는 경우 교육실습 면제 가능.
  - 교육대학원에서 '사서교사(2급)', '영양교사(2급)', '전문상담교사(2급)' 자격을 취득하고자 하는 자가 관련 자격증을 소지하고 「유아교육법」, 「초·중등교육법」, 「고등교육법」, 「평생교육법」 등에 의하여 설립된 학교, 학력인정시설, 기타 전공분야와 관련된 사회교육기관(시설) 및 청소년상담센터 등에서 취득하고자 하는 교사자격종별에 해당하는 관련 업무를 1년 이상 담당한 경력이 있는 경우 학교현장실습을 대체할 수 있음. 이 경우 소속 학교 또는 기관장으로부터 확인받은 '경력인정증명서'를 제출하여야 함(단, 교육봉사활동 면제 불가).

### 3) 교육실습 실시 시기

- 교육실습 중 학교현장실습의 실시 학년 및 시기 등은 대학에서 자율적으로 결정하며, 교육실습 대상 학교의 방학기간 중 실시는 양교의 협의에 따라 실시가 가능함.
- 교육봉사활동은 입학 시부터 졸업 시까지 지속적으로 실시할 수 있도록 함

### 4) 학교현장실습 협력학교 선정

- 학교현장실습 협력학교 선정
  - 학교현장실습 협력학교의 선정은 대학이 책임지고 해야 하나, 학생이 희망하는 경우 개별적으로 선정 가능함.
  - 학교현장실습 협력학교는 실습 대상 인원 및 협력학교의 규모를 감안하여 선정함으로써 실습생이 실습기간 중 실제수업 또는 실무를 경험할 수 있도록 해야 함.
  - 반드시 취득하고자 하는 교사자격증에 해당하는 학교 급에서 학교현장실습을 실시하여야 하며, 보건·사서·전문상담·영양교사의 경우 초·중등·특수학교에서 모두 실시가 가능함.
  - 보건교사는 보건실이 있는 학교에서, 사서교사는 도서관이 있는 학교에서, 전문상담교사는 상담실이 있는 학교에서, 영양교사는 학교급식시설이 있는 학교에서 각각의 해당 담당교사 또는 지도교사에 의하여 학교현장실습을 이수해야 함.
- 학교현장실습 실시 가능학교 : 학교 급에 맞는 학교만 가능
  - 「유아교육법」 제2조에 따른 유치원
    「영유아보육법」에 의한 보육시설에서는 학교현장실습 불가

## 4 실습의 유형

예비유아교사들은 현장실습 기간을 교사가 되기 위한 준비과정으로 가치 있고 중요한 경험이라고 생각하면서도 교사양성 중에 가장 많은 스트레스와 어려움을 느끼는 기간으로 자각하기도 한다(임승렬, 1988; 석은조 · 이경하, 2009).

따라서, 양성기관에서는 예비유아교사들이 갖는 실습에 대한 불안감과 어려움을 해결해주고자 다양한 실습과정의 접근을 시도하고 있다.

현장실습은 실습시기에 따라 사전실습, 정규실습, 사후실습으로 구분된다.

각 실습과정에 대한 구체적인 내용을 정리하면 다음과 같다(김유정 외, 2014; 윤경옥, 2015; 정연희 외, 2013; 윤기영 외, 2011).

### 1) 사전실습

사전실습은 정규실습 이전에 단기적 또는 일시적으로 실시되는 것으로 예비유아교사가 실습할 기관의 환경, 분위기, 하루일과, 유아들의 발달 수준 관찰, 교사의 교수방법 등을 대략적으로 경험함으로써 정규실습에 대한 두려움을 줄이고, 정규실습의 효율성을 높이도록 하는 실습과정이다. 이러한 사전실습은 여러가지 측면에서 가치가 있다. 첫째, 유아교육기관이 환경, 유아의 발달 및 특성, 교육활동, 교사의 역할 수행 등을 관찰하여 유아교육기관에 대한 이해를 증진시킬 수 있다. 둘째, 부분 수업을 실제 수행해봄으로써 효과적인 교수방법에 대해서 알게 되고, 이론과 현장을 접목하는 실천적인 지식을 습득할 수 있다. 셋째, 보조교사로서 활동을 함으로써 교사의 역할을 이해하고, 유아교육기관에 도움을 줄 수 있다. 넷째, 정규실습을 체계적으로 준비할 수 있어서 정규실습의 질을 향상시킬 수 있다.

### 2) 정규실습

정규실습은 유치원 교사자격 취득을 위한 필수사항으로 유아교육기관에서 4주간 실시되는 실습과정이다. 이 기간 동안 예비유아교사는 실습기관장과 지도교사의 지도 아래 유치원교사로서의 역할을 경험하고 배우게 된다.

정규실습은 실습내용에 따라 참관실습, 참여실습, 지도실습의 형태로 단계적으로 진행되며 구체적 내용은 다음과 같다(문혁준, 김경희, 김영심, 김혜연, 배지희, 서소정, 안효진, 이경열, 이미정, 이희경, 조혜정, 2010; 정연희 외, 2013; 윤경옥, 2015).

- 참관실습 : 실습생이 실습기관의 제반사항(학급운영, 환경구성, 놀이지도, 교사의 교수법, 일과 운영, 유아의 발달 특성) 등을 객관적인 관점에서 관찰하는 실습
- 참여실습 : 실습생이 지도교사의 보조교사로서 교육활동, 놀이지도, 자유선택활동 지도, 간식지도, 교재교구 제작 등 여러 교육활동에 참여하는 실습. 이때 실습생은 일부 수업 및 활동을 경험
- 지도실습 : 실습생이 지도교사의 지도하에 유아의 교육활동을 직접 지도하는 실습. 지도실습은 부분수업, 연계수업, 전일수업의 형태
  - 부분수업 : 지도교사가 전체 교육활동을 진행하고 실습생은 이야기 나누기, 과학활동, 동화, 미술활동, 음률활동, 신체활동 등 여러가지 대·소집단 활동에 부분적으로 한 가지 활동만 준비해서 교육활동을 계획하고 진행하는 수업
  - 연계수업 : 지도교사가 전체 교육활동을 진행하고 실습생은 다양한 대·소집단 활동 중 연계된 두 가지 활동을 계획하여 설명하는 활동. 예를 들면 이야기나누기+게임, 과학+신체활동 등
  - 전일수업 : 지도교사의 지도하에 실습생이 유아의 등원에서 하원까지 하루일과를 모두 계획하여 진행하는 실습

일반적인 정규실습의 진행과정과 내용은 〈표 1-1〉와 같다.

〈표 1-1〉 정규실습 진행과정

| 주 \ 내용 | 실습형태 | 실습내용 |
|---|---|---|
| 1주차 | 수업참관 및 유아관찰 | • 수업참관 : 하루일과(등원부터 귀가 지도까지), 유아생활, 교사 역할 관찰.<br>• 교실 업무 파악과 관찰 내용 알기.<br>• 1주차 교육계획안을 통한 수업 실시 주제와 수업내용 파악.<br>• 실습일지 작성 후 지도교사에게 확인 및 조언 듣기<br>• 유아 관찰을 통한 일화기록 작성<br>• 영역별 교구 제작 협의하기<br>• 부분수업 교육계획안 작성 및 협의 |
| 2주차 | 부분수업 | • 수업참관<br>• 부분수업 준비 및 실시 : 대·소집단활동 및 자유선택활동 지도에 대한 부분수업을 실습 계획에 따라 진행<br>• 부분수업에 대한 평가 : 지도교사, 실습생<br>• 연계수업 교육계획안 작성 및 협의<br>• 교구 제작 계획서 작성 |
| 3주차 | 연계수업 | • 연계수업 준비 및 실시<br>• 연계수업에 대한 평가 : 지도교사, 실습생<br>• 자료 제작 및 활용<br>• 유아 관찰, 일화기록 작성<br>• 전일수업 활동계획안 협의 및 작성 |
| 4주차 | 전일수업 | • 전일수업 준비 및 실시 : 수업과 관련된 환경과 교구·교재 준비<br>• 교육실습 평가화 : 기관장, 지도교사, 실습생<br>• 실습종료 : 실습일지총정리, 평가 및 결과보고서 작성, 실습소감 작성 |

출처 : 정연희 외(2013)

### 3) 사후실습

사후실습은 정규실습이 종료된 이후 실습생이 실습기관에서 갖게 되는 실습의 형태로 '추후실습'이라고도 한다.

사후실습은 실습기관과 실습생의 의사에 따라 자율적으로 진행되며, 실습생은 실습기관의 행사를 돕거나 보조교사로서의 역할을 수행하는 등 유아교사로서의 역할준비를 좀 더 심화 경험할 수 있다. 사후실습이 취업으로 연결되는 경우도 있기 때문에 양성기관에서는 사후실습을 교육과정 속에서 계획하고 유아교육기관과 협동하여 보다 체계적으로 사후실습을 실행하고 활성화할 필요가 있다(박은혜, 조운주, 2015).

CHAPTER 02

# 현장실습의 준비

1. 실습을 위한 준비
2. 실습생의 역할과 자세

# 1 실습을 위한 준비

현장실습을 효과적으로 진행하기 위해서는 대학과 실습기관, 실습생 모두의 체계적이고 협력적인 준비가 필요하다.

## 1) 대학의 준비

우선 대학은 현장실습의 목적에 부합되는 실습과정과 내용에 대한 구체적인 계획을 세워야 한다. 계획에 맞춰 실습생들에게 좋은 모델을 제공할 수 있는 실습기관을 선정하고, 실습생의 요구와 개인적 특성에 맞게 실습기관을 배정한다. 또한 실습생들에게 현장실습에 대한 사전교육과 실습기관 지도교사와의 사전협의를 통해 효율적인 현장실습의 준비를 해야 한다.

다음은 대학에서 현장실습을 위해서 준비해야 할 구체적 사항을 제시한 것이다(박은혜, 조운주, 2015, 윤경수, 2015).

- **현장실습 과정 및 내용 계획**
  - 실습 학점
  - 실습 학기 및 시기
  - 실습 내용 및 방법
  - 실습 평가
  - 실습 지도

- **실습기관 및 지도교사 선정**
  - 실습기관의 위치, 거리, 교통편을 고려하여 선정
  - 실습기관의 규모를 고려하여 선정
  - 대학의 교육철학과 맞는 실습기관 선정
  - 실습생을 지도할 의지가 있는 실습기관 선정
  - 원장의 교육관 고려하여 선정
  - 실습생 지도 경험이 있는 경력교사를 지도교사로 선정
  - 지도교사 교육에 참여한 교사를 지도교사로 선정
  - 실습생을 지도할 의지가 있는 교사를 지도교사로 선정

● **관련 공문서 및 서류 준비**
- 실습생 명단
- 지도교사 명단
- 실습 협조 공문
- 실습 결과 보고서
- 실습 협조 사항
- 학교현장실습 협력학교 지정증명서

● **실습생 배정**
- 실습생의 희망 조사
- 실습생 주소지 확인

● **사전교육 및 협의회**
- 실습생 사전교육
- 지도교사 사전교육
- 실습기관 및 지도교사와 사전 협의회

### 2) 실습생의 준비

질 높은 현장실습이 되기 위해서는 실습생 스스로도 실습에 대한 사전준비가 필요하다. 실습생은 배정된 실습기관의 주소, 전화번호, 위치, 홈페이지 등 기본적인 정보를 파악하고 적어도 실습 1주일 전에 사전방문을 하는 것이 좋다. 사전방문은 실습이 이루어지기 전에 미리 실습기관을 방문하여 실습에 대한 사전정보와 안내를 받는 것이 주된 목적이나, 실습생으로서 실습기관에 첫 인사를 드리는 과정으로 실습생의 이미지 또한 매우 중요하다.

따라서 사전 방문 시 미리 정해진 약속시간에 단정한 복장으로 예의를 갖추어 방문하는 것이 좋다. 학교에서 준비한 실습관련 서류와 신상소개서, 자기소개서, 실습일지, 결과보고서, 출근부, 실습 포트폴리오 등을 함께 제출한다. 또한 실습지 배정 후 정규 실습의 준비로 실습생은 실습기관의 교육활동의 특성, 교육프로그램 및 주제 등을 파악하여 실습에 필요한 교수자료를 준비하는 것도 좋다. 개인이름표, 실습일지, 필기도구 및 수첩, 실내화, 앞치마 등 실습을 위한 물품을 준비하며, 사전 방문시 별도의 준비물을 실습기관에 문의하는 것도 필요하다. 실습생은 이러한 실습 사전 준비로 현장실습에 대한 불안과 걱정을 해소하고 현장에 대한 인식과 실습적응을 높힐 수 있다.

**※ 사전 방문시 미리 알아두어야 할 사항(김경의 외, 2015).**

- 유아교육기관의 위치와 교통편, 소요 시간, 출근 시간
- 원장과 지도교사의 성명
- 유아교육기관의 교육목표와 프로그램, 시설 현황 및 교직원 현황, 학급구성, 일과시간 구성
- 유아교육기관이 속한 주변 환경
- 실습기간 동안의 생활주제와 교육계획안에 따른 소주제, 행사, 교육활동의 범위
- 유아교육기관의 실습 지침 및 준비물 등

### 3) 실습기관의 준비

실습기관에서도 실습생과 실습지도에 관한 구체적이고 총체적인 사전계획과 준비가 필요하다. 실습생에게 실습기관에 대한 전반적인 소개, 근무하는 교원에 대한 소개, 실습과정의 계획과 지도내용, 실습 시 지켜야 할 사항, 실습생의 역할과 태도, 실습평가 등에 대한 세부적인 계획을 세워 실습생을 맞이하고 지도해야 한다. 원장은 실습기관의 대표자로서 대학과 협의 하에 현장실습생을 배정받으며, 효과적인 현장실습을 위해 사전에 실습제반에 대한 지침을 지도교사와 협의하여 수립해주어야 한다.

**※ 실습기관에서의 실습준비 사항(박은혜, 조운주, 2015).**

- 교육실습생을 맞이하기 위한 계획
- 교육실습생을 위한 사전교육 계획(장소, 담당자, 교육 자료 등)
- 교육실습 지도교사 선정
- 교육실습 지도 일정, 지도 및 평가 방법 계획

**※ 실습기관의 실습지도 계획 예시(D시 H유치원 자료제공)**

## 교육실습생 지도계획

■ **참관 교육실습의 목표**

1) 유아에 대한 폭 넓은 지식을 얻는다.
2) 수업관찰을 통해 수업 실천에 따른 계획 및 각 영역별 지도기술에 대하여 이해를 깊게 한다.
3) 유치원 환경, 시설, 직원 조직 등 유치원 풍토에 대하여 이해한다.
4) 세밀하고 타당성 있는 관찰, 계획, 수립의 능력을 기른다.
5) 관찰 결과의 보고요령을 체득한다.
6) 관찰을 통하여 사실을 정확하게 이해하고 해석하려는 태도를 기른다.
7) 교육현장에서 야기되는 문제를 문제의식을 가지고 계속적으로 관찰하려는 태도를 기른다.

■ **실습계획**

| 주/구분 | 활동명 | 활동내용 | | 준비사항 |
|---|---|---|---|---|
| 1주 | 관찰실습 | 월 | • 오리엔테이션 및 실습계획 협의<br>– 유치원 설명(안내책자 활용)<br>• 방과후 간식지도 참관(체육) / 방과후 수업참관 | 누리과정 및 교육프로그램에 대한 이해 높이기 |
| | | 화 | • 영역 및 놀이 관찰1. 등원지도 참관(현관), 일일교육계획안 작성<br>• 방과후 수업참관(미술) 및 방과후 정리 | |
| | | 수 | • 영역 및 놀이 관찰2. 하원지도 참관(현관)<br>• 방과후 수업참관 및 방과후 정리 | |
| | | 목 | • 영역 및 놀이 관찰3. 영역별 관찰기록을 통한 협의<br>• 방과후 수업참관 및 방과후 정리 | |
| | | 금 | • 영역 및 놀이 관찰 / 1~4차 부분수업계획협의 / 교실환경 구성(매체물 정리), 주간교육계획안작성해보기<br>• 방과후 수업참관 및 방과후 정리 | |
| 2주 | 수업실습<br>·<br>부분수업<br>(Ⅰ) | 월 | • 수업 및 생활지도 참관1. 부분수업1(동화) | 부분수업 관련 지도자료 |
| | | 화 | • 수업 및 생활지도 참관2. 부분수업2(새노래지도) | |
| | | 수 | • 수업 및 생활지도 참관3 | |
| | | 목 | • 부분수업3(신체활동지도) | |
| | | 금 | • 부분수업4(이야기 나누기지도) | |
| 3주 | 수업실습<br>·<br>부분수업<br>(Ⅱ) | 월 | • 실습 중간평가 및 반성 | 유치원교육 계획안 및 누리과정 지도서 참고 |
| | | 화 | • 부분수업5(미술활동지도) | |
| | | 수 | • 수업 및 생활지도 참관4 | |
| | | 목 | • 전체수업 계획안 협의 | |
| | | 금 | • 전체수업 계획안 검토 및 피드백 | |
| 4주 | 전체수업<br>및<br>실무수업 | 월 | • 자유선택활동시 환경 구성 및 매체 지원, 교사역할 실습 | |
| | | 화 | • 유아관찰 및 평가 | |
| | | 수 | • 실무수업 – 학급일지 및 문서작성 | |
| | | 목 | • 전체 수업 및 평가 | |
| | | 금 | • 교육실습 총 평가 | |

■ 수업실습 내용 및 방법

| 영역 | 실습내용 | 실습방법 |
|---|---|---|
| 교육과정 영역 | • 주간 지도계획 수립<br>• 일일교육계획안 수립 | • 주간 지도계획안 작성해보기<br>• 일일교육계획안 작성해보기 |
| 교수 · 학습 지도 | • 교수 · 학습 지도안<br>: 활동 영역별 지도방법<br>– 등원지도<br>– 자유선택활동시 교사의 역할지도<br>– 신체활동지도<br>– 새노래지도<br>– 동화, 동극지도<br>– 바깥놀이지도<br>– 급식지도<br>– 귀가지도<br>– 방과후 원아지도<br>• 교사와 상호작용지도<br>– 수업 중 교사의 발문 및 지도법<br>– 문제행동 원아 교사의 지도법<br>• 교수 · 학습 자료의 관리방법<br>– 매체물의 활용방법 및 보관, 정리<br>• 교실 기자재 활용의 방법 | • 부분수업계획안 작성해보기 |
| 교수 · 학습 자료 활용 | • 교수–학습 자료 제작시 유의점<br>• 교수–학습 자료 제작<br>• 교수–학습 자료 관리방법 | • 관찰 및 수업 피드백받기 |
| 평가 | • 관찰 및 기록을 통한 평가<br>• 자유선택활동 평가<br>• 발달 영역별 평가<br>• 수업 평가<br>• 반성적 저널 쓰기 | • 평가 기록해 보기 |

## ■ 실무 실습 내용 및 방법

| 영역 | 실습내용 | 실습방법 |
|---|---|---|
| 학급경영 | • 학급실태 조사 및 분석<br>• 담임교사 역할을 통하여<br>– 출결 / 등, 하원지도/ 생활지도 놀이지도/ 급식지도<br>• 교실환경 구성<br>– 자유선택활동 영역 배치<br>– 유아학습 결과 전시<br>– 교수매체지원 | • 전체 수업을 통한 실습 |
| 실무관련<br>– 서류정리 | • 문서화에 다른 서무 실무<br>– 출석부 기록 및 관리<br>– 유치원 일지 기록<br>– 생활기록부 기록<br>– 비품, 소모품대장 기록<br>– 도서대장 기록 | • 취급요령 숙지 및 기록<br>– 1건의 출석부 기재<br>– 1명 전출 및 전입정리<br>– 1명의 생활기록부 작성<br>– 1건의 비품 및 소모품 대장 작성<br>– 1건의 도서대장 작성 |
| 복무관리 | • 교직원 복무규정<br>– 근무상황부 작성요령 | • 연가, 병가, 외출 기록 |
| 문서관리 | • 문서작성<br>– 문서의 접수 및 발송<br>– 기안문 작성 | • 1건 이상 기안 , 1건 이상 공문 발송과 접수 |

## ■ 교육실습생 평가

| 영역 | 평가항목 |
|---|---|
| 근무태도 | • 근무상태(출 · 결근, 지각, 조퇴 등), 성실성 |
| 일반자질 | • 유아에 대한 태도, 인성, 교사로서의 품위 및 신념 |
| 학습지도능력 | • 활동계획의 계획 및 계획안 작성<br>– 지도기술, 교수학습 자료 작성 및 활용, 유아의 평가, 수업 활동의 평가, 교재 연구 등 |
| 연구조사활동 | • 연구태도 및 자세, 자료 수집 및 처리분석, 동료와의 협력 등 |
| 학급경영 및 사무 처리능력 | • 생활지도, 환경정리, 사무처리, 유아관리 등 |

■ **교육실습 평가척도**

1) 근무태도(10점)

| 평가항목 | 평가관점/평가점수 | 5 | 4 | 3 | 2 | 1 | 합계 |
|---|---|---|---|---|---|---|---|
| 근무상태 | 출근상태 | 결근, 지각, 조퇴 없음 | 지각, 조퇴 1회 | 지각 2회 | 결근 1회 | 결근 2회 | |
| | 근무 성실 | 항상 성실하게 근무 | 대체로 성실하게 근무 | 보통 | 소극적 근무 | 근무태만 | |

2) 자질(15점)

| 평가항목 | 평가관점/평가점수 | 5 | 4 | 3 | 2 | 1 | 합계 |
|---|---|---|---|---|---|---|---|
| 원아에 대한 태도 | 원아와의 놀이 및 지도 | 항상 원아와 친절하게 놀고 친절하게 지도한다. | 대체로 원아와 다정하게 놀고 지도한다. | 보통 | 원아와 노는 것, 지도하는 것에 소극적이다. | 원아와 같이 놀고 지도하는 것을 싫어한다. | |
| | 실습생 상호간의 인간관계 협력적 태도 | 항상 남을 존중하고 일에 대해 적극적으로 협력한다. | 남을 존중하고 일에 대하여 대체로 협력한다. | 보통 | 비교적 배타적으로 협력이 부족하다. | 아주 배타적이고 협력이 아주 모자란다. | |
| | 복장 및 언어 사용에 대한 태도 | 항상 복장이 단정하고 언어 사용이 적절하여 원아에게 좋은 영향을 준다 | 대체로 복장이 단정하고 언어 활동을 적절히 하여 원아에게 좋은 영향을 준다. | 보통 | 비교적 복장이 단정하지 못하고 언어 사용도 적절하지 못하다. | 복장이 아주 단정하기 못하고 언어 사용도 적절하지 못하다. | |

3) 학급경영 및 사무처리 능력(10점)

| 평가 항목 | 평가관점 /평가점수 | 5 | 4 | 3 | 2 | 1 | 합계 |
|---|---|---|---|---|---|---|---|
| 학급 경영 | 계획성 및 학급 경영 | 항상 학급 경영계획을 잘 세우고 실천한다. | 대체로 학급경영을 잘 세우고 실천한다. | 보통 | 비교적 학급경영을 잘 세우고 실천하고자 한다. | 학급경영을 잘 못하는 편이다. | |
| 사무 처리 | 신속성 | 항상 신속하게 사무를 처리한다. | 대체로 신속하게 사무를 처리하고 있다. | 보통 | 비교적 사무처리 능력이 늦은 편이다. | 사무를 처리할 능력이 없다. | |

4) 학습지도 능력(50점)

| 평가 항목 | 평가관점/ 평가점수 | 10 | 8 | 6 | 4 | 2 | 합계 |
|---|---|---|---|---|---|---|---|
| 교재 연구 | 교재 연구의 성실성 | 항상 교재를 바르게 연구하고 있다. | 대체로 연구를 잘 하고 있다. | 보통 | 비교적 교재 연구를 하고 있다. | 교재 연구에 노력이 필요하다. | |
| 유아 발달의 이해 정도 | 유아발달에 대한 이해 | 유아발달에 대한 이해의 정도가 높다. | 대체로 유아발달에 대한 이해를 가지고 있다. | 보통 | 비교적 발달에 대한 이해를 가지고 있다. | 발달에 대한 이해가 전혀 없다. | |
| 지도안 작성 | 목표설정 및 내용의 세분화 및 조직화 | 항상 알맞은 자료를 창의적으로 충분히 준비하여 학습 효율을 높이고 있다. | 대체로 알맞은 자료를 준비하여 학습효율을 높이고 있다. | 보통 | 비교적 자료가 알맞지 않고 풍부하지도 못하다. | 자료가 아주 부족하다. | |
| 지도 기술 | 발문 자료활용 능력 | 항상 알맞은 발문을 하고 적절하게 자료를 제시한다. | 대체로 발문이 알맞고 자료 제시를 잘한다. | 보통 | 발문이 알맞지 않을 때가 많고 자료 제시도 알맞지 않을 때가 있다. | 발문이 아주 옳지 못하고 자료 제시를 제때에 하지 못한다. | |
| 평가 기술 | 수업과정의 평가 | 항상 수업과정에서 평가를 적절히 활용한다. | 대체로 수업과정에서 평가를 적절하게 한다. | 보통 | 수업과정에서 평가를 적절하게 활용하지 못한다. | 평가를 전혀 활용하지 못한다. | |

### 5) 연구조사활동(15점)

| 평가항목 | 평가관점/평가점수 | 5 | 4 | 3 | 2 | 1 | 비고 |
|---|---|---|---|---|---|---|---|
| 연구 | 연구적 태도 | 항상 성실하게 연구하고 있다. | 대체로 성실하게 연구하고 있다. | 보통 | 비교적 연구를 안 하는 편이다. | 전혀 연구를 안하는 편이다. | |
| 관찰 | 유아관찰태도 | 항상 유아의 행동을 낱낱이 관찰하여 기록하고 있다. | 대체로 유아의 행동을 관찰하여 기록하고 있다. | 보통 | 비교적 관찰을 안하는 편이다. | 전혀 관찰을 안하는 편이다. | |
| 실습일지 기재사항 | • 기재 내용의 적절성<br>• 기재에 대한 성실성 | 항상 기재내용이 연구적이고 창의적이고 성실하게 기재하고 있다. | 대체로 기재내용이 연구적이고 성실하게 기재한다. | 보통 | 기재 내용이 없고 성실성이 모자란다. | 기재내용이 아주 단편적이고 성실성이 아주 모자란다. | |

## ■ 실습생 지도 평가표

<table>
<tr><td>실습생 성명</td><td colspan="2"></td><td>지도교사 성명</td><td></td></tr>
<tr><td colspan="3">평가항목</td><td>평가정도<br>←매우좋음 매우낮음→</td><td>비고</td></tr>
<tr><td rowspan="2">근무태도</td><td colspan="2">출 · 퇴근상태</td><td>5 4 3 2 1</td><td></td></tr>
<tr><td colspan="2">근무에 대한 성실성</td><td>5 4 3 2 1</td><td></td></tr>
<tr><td rowspan="3">자질</td><td colspan="2">교육에 대한 신념</td><td>5 4 3 2 1</td><td></td></tr>
<tr><td colspan="2">협동심, 책임감, 창의성</td><td>5 4 3 2 1</td><td></td></tr>
<tr><td colspan="2">원아에 대한 관심 및 우호적 태도</td><td>5 4 3 2 1</td><td></td></tr>
<tr><td rowspan="11">학습지도능력</td><td colspan="2">원아의 발달 단계, 개인차, 그룹지도 등에 대한 이해의 정도</td><td>5 4 3 2 1</td><td></td></tr>
<tr><td colspan="2">교수-학습 활동에 대한 이해의 정도</td><td>5 4 3 2 1</td><td></td></tr>
<tr><td colspan="2">교수-학습 활동 지도 계획의 적절함</td><td>5 4 3 2 1</td><td></td></tr>
<tr><td colspan="2">학습지도 결과 평가 능력</td><td>5 4 3 2 1</td><td></td></tr>
<tr><td colspan="2">교수자료의 준비성</td><td>5 4 3 2 1</td><td></td></tr>
<tr><td colspan="2">교실환경 준비</td><td>5 4 3 2 1</td><td></td></tr>
<tr><td colspan="2">주제에 맞는 학습 환경 조성 능력</td><td>5 4 3 2 1</td><td></td></tr>
<tr><td colspan="2">학습지도 발전 능력</td><td>5 4 3 2 1</td><td></td></tr>
<tr><td colspan="2">교사로서의 활기와 역동성</td><td>5 4 3 2 1</td><td></td></tr>
<tr><td colspan="2">수업에 대한 실행</td><td>5 4 3 2 1</td><td></td></tr>
<tr><td colspan="2">연구하는 태도</td><td>5 4 3 2 1</td><td></td></tr>
<tr><td rowspan="2">연구조사활동</td><td colspan="2">원아 관찰활동과 능력</td><td>5 4 3 2 1</td><td></td></tr>
<tr><td colspan="2">서류 정리 및 기록</td><td>5 4 3 2 1</td><td></td></tr>
<tr><td rowspan="2">학급경영 및 사무처리 능력</td><td colspan="2">원아 생활지도에 대한 이해 및 지도 기술평가</td><td>5 4 3 2 1</td><td></td></tr>
<tr><td colspan="2">교실 관리 등 학급 사무처리 능력</td><td>5 4 3 2 1</td><td></td></tr>
<tr><td>총계</td><td colspan="2"></td><td></td><td></td></tr>
<tr><td>실습시간</td><td>출근할 일수</td><td>출근한 일수</td><td>결근일수</td><td>지각<br>회</td></tr>
<tr><td rowspan="3"></td><td rowspan="3"></td><td rowspan="3"></td><td>병결 일</td><td rowspan="3">조퇴<br>회</td></tr>
<tr><td>사고 일</td></tr>
<tr><td>결</td></tr>
<tr><td>특기사항</td><td colspan="2"></td><td></td><td></td></tr>
</table>

## 4) 실습 관련 제출 서류

### (1) 실습생 신상기록부

실습생의 신상기록부는 이력서와 같이 실습생 자신의 기본적인 신상에 대해 진술한 서류이며 실습기관에 제출한다. 신상기록부는 거짓이나 과장없이 객관적인 사실을 기술해서 작성하는 것이 바람직하다.

**※ 신상기록부 작성요령(윤경옥, 2015; 정연희 외, 2013)**

- 신상기록부는 검정색 펜으로 작성하며 수정펜은 사용하지 않도록 한다.
- 사진은 최근 3개월 이내에 찍은 증명사진을 사용하며 과도한 사진보정작업은 삼가한다.
- 집 주소는 전체의 주소를 번지수까지 정확하게 기재한다.
- 가족관계는 나의 입장에서 바라본 관계를 기재한다.
- 학력사항은 고등학교 때부터 기재하며 졸업을 하지 않은 경우는 졸업예정으로 작성한다(예 : OO고등학교 졸업, OO대학 졸업 예정).
- 자격 사항은 자격 내용과 취득일(또는 취득 예정)을 기술하는 데 반드시 자격을 증명할 수 있는 서류가 첨부되어야 한다.

  예 : 유치원 정교사 20OO년 O월 취득 예정

  - 자격증이 여러 개인 경우 연수 시수가 높은 것부터 차례로 적고 자격증은 수료증보다 상위다.

  예 : 유치원 2급 정교사 2017년 2월 취득(또는 취득 예정)
  보육교사 자격증 2017년 1월 취득(또는 취득예정)
- 경력사항에는 대학생활 중의 교내봉사활동(조교, 학생회 임원 등) 및 교외봉사활동(종교기관 유치부 교사, 보육원 자원봉사 등), 어학연수 등의 내용을 기재한다.
- 수상사항은 수상일시, 수상내용, 수여기관 등을 기재한다.
- 특기사항은 위의 기재사항 외에 유아교육 관련 특정 능력, 기술, 활동 등을 기재한다.
- 날짜란에는 제출 날짜를 기재한다.
- 마지막에 이름을 적고 본인 도장이나 서명을 한다.

〈표 2-1〉 실습생 신상기록부 예시 ①

# 실습생 신상 소개

<table>
<tr><td>이름</td><td colspan="2"></td><td>전화번호<br>(휴대전화)</td><td></td><td rowspan="4">사진</td></tr>
<tr><td>생년월일</td><td colspan="4">년 월 일생 만 ( )세</td></tr>
<tr><td rowspan="2">주소</td><td colspan="4"></td></tr>
<tr><td>이메일</td><td colspan="3"></td></tr>
<tr><td>가족사항</td><td colspan="5"></td></tr>
<tr><td rowspan="2">학력</td><td colspan="5">고등학교 년 월 졸업</td></tr>
<tr><td colspan="5">대학교 유아교육과 년 월 졸업예정</td></tr>
<tr><td>취미 및<br>관심분야</td><td colspan="5"></td></tr>
<tr><td>관련<br>자격증<br>및 특기</td><td colspan="5"></td></tr>
<tr><td>유아들과의<br>관련 경험</td><td colspan="5"></td></tr>
<tr><td>보육실습<br>기관에서<br>배우고<br>싶은 것</td><td colspan="5"></td></tr>
<tr><td>실습에<br>임하는<br>자세</td><td colspan="5"></td></tr>
</table>

〈표 2-2〉 실습생 신상기록부 예시②

# 실습생 신상조사서

<table>
<tr><td>성 명</td><td></td><td>성 별</td><td></td><td>주민등록번호</td><td></td><td rowspan="4">사진</td></tr>
<tr><td>주 소</td><td colspan="5"></td></tr>
<tr><td rowspan="2">연락처</td><td>자 택</td><td></td><td>휴대폰</td><td colspan="2"></td></tr>
<tr><td>E-mail</td><td></td><td>종 교</td><td colspan="2"></td></tr>
<tr><td rowspan="5">학력사항</td><td colspan="2">기 간</td><td colspan="4">학 교 명</td></tr>
<tr><td colspan="2"></td><td colspan="4"></td></tr>
<tr><td colspan="2"></td><td colspan="4"></td></tr>
<tr><td colspan="2"></td><td colspan="4"></td></tr>
<tr><td colspan="2"></td><td colspan="4"></td></tr>
<tr><td rowspan="3">경력사항</td><td colspan="2">기 간</td><td colspan="4">근무기관</td></tr>
<tr><td colspan="2"></td><td colspan="4"></td></tr>
<tr><td colspan="2"></td><td colspan="4"></td></tr>
<tr><td rowspan="5">자격증</td><td colspan="2">종 류</td><td colspan="2">취 득 일</td><td colspan="2">발행기관</td></tr>
<tr><td colspan="2"></td><td colspan="2"></td><td colspan="2"></td></tr>
<tr><td colspan="2"></td><td colspan="2"></td><td colspan="2"></td></tr>
<tr><td colspan="2"></td><td colspan="2"></td><td colspan="2"></td></tr>
<tr><td colspan="2"></td><td colspan="2"></td><td colspan="2"></td></tr>
<tr><td>비 고</td><td colspan="6"></td></tr>
</table>

○○대학교 유아교육과

### (2) 자기소개서

■ 자기소개서의 구성

① 성장과정

성장과정은 현재 자신을 이루는 원형적 부분이다. 따라서, 자신에게 대해 가장 솔직하게 자신의 이미지를 자연스럽게 부각시켜야 한다. 성장과정 중의 구체적 에피소드를 활용하여 성격, 성향, 교육관 등이 나타날 수 있도록 기술한다.

② 성격의 장단점

자신의 성격을 객관적으로 기술하며, 구체적인 예시나 사례를 들어 소개한다. 특히, 예비유아교사와 실습생으로서의 자신의 강점과 경쟁력을 피력한다.

③ 학교생활

학교생활은 자기소개서에서 다루는 핵심부분으로, 전공, 자격증, 어학연수, 사회봉사활동, 동아리활동, 아르바이트 등의 활동 경험을 기술하면서 자신의 능력과 인성 등을 나타낼 수 있도록 기술한다. 학교생활 중 어떤 일을 했다라는 나열 형태로 작성하기보다는 경험을 통해 무엇을 느꼈고, 느낀 것을 교직실무에 어떻게 활용할 것인지 작성할 필요가 있다.

④ 지원동기 및 포부

확고한 주관을 바탕으로 실습기관에 지원하게 된 동기와 이유를 밝혀야 한다. 또한 장래희망이나 포부를 통해 일에 대한 의욕과 인생관 등을 피력하도록 한다. '열심히', '성실히' 등의 막연한 표현보다는 지원한 기관을 위해 어떠한 각오로 업무에 임할 것인지 구체적이고 의욕적이며 패기 있게 기술하는 것이 좋다.

※ **자기소개서 작성요령**

- 한자 및 외래어 사용에 주의한다.
- 여백이 없도록 한다.
- 오탈자 및 어색한 문장을 최소화한다.
- 진부한 표현을 배제한다.
- 짜집기를 삼가한다.
- 두서없이 작성하지 않는다.

〈표 2-3〉 실습생 자기소개서 양식 예시

| | |
|---|---|
| 성장과정 | |
| 성격소개 | |
| 유아교육과를 선택한 이유 | |
| 대학시절에 학교생활은 어떠했는지 | |
| 실습에 대한 생각 | |
| 어떤 교사가 되겠는가 (자신이 꿈꾸는 교사상) | |

출처 : 오영희(2016).

〈표 2-4〉 자기소개서 예시 ①

# 자 기 소 개 서

[발전해 나가는 교사]

저의 교사로서의 롤 모델은 저의 어머님 그리고 함께 교사 모임을 가지시는 교사분들입니다.

사적인 모임이었지만 다른 이야기를 하실 때보다 아이들의 이야기를 하실 때 가장 즐거워하시고, 다 같이 교수방법을 공유하고, 연구하시면서 고민하시던 모습이 인상 깊었습니다. 그러다가 좋은 아이디어가 생각나면, 즐거워할 아이들을 떠올리며 웃으시던 모습이 제가 원하는 '발전해 나가는 교사'로서의 모습이라고 느꼈습니다.

저의 어머니 또한, 20년 넘는 교직생활 동안 항상 꾸준히 노력하시고 계십니다. 한번은 주말에도 연수를 나가시는 어머니께 '주말에 나가는 연수가 힘들거나 귀찮지 않냐' 물었더니, 항상 배울 것이 많아서 좋다고 하시며 오히려 부족한 부분은 곧잘 스스로 연수 신청을 하시고 강의를 듣고 오십니다. 어떤 곳을 가거나 물건을 살 때에도 먼저 반 아이들과 학교를 생각하시고, 책을 사실 때도 교육에 관한 서적들을 꾸준히 구매하셔서 읽으시곤 합니다. 그런 모습들을 보며, 제가 목표로 하는 '발전해 나가는 교사'로서의 틀이 생기게 되었고, 교사가 된 후에도 꾸준히 노력해야겠다는 생각을 가지게 되었습니다.

[항상 되돌아보는 교사]

저는 새로운 일에 호기심을 가지고 임하는 것을 좋아하며, 일을 맡게 되면 책임지고 끝까지 해결하려고 노력하는 편입니다. 일을 할 때, 과제나 공부를 할 때에도 여러 번 확인하느라 시간이 오래 걸리지만 대신 빠뜨리는 부분이 적어진다고 느끼기 때문에 유아교사로서 꼭 필요한 성격이라고 생각합니다.

또한 저 자신에 대한 성찰을 통해, 과연 내가 유치원 교사로서 맞는 바른 인성을 가지고 있는 것일까, 유아들에게 악영향을 끼칠만한 나의 버릇이나 성격이 있지는 않은가 등을 고민하며, 저의 말 한 마디, 행동 하나하나를 바꾸어 나가려고 노력하고 있습니다. 때로는 이런 부담감으로 다른 진로도 생각해 보았지만, 저의 멘토이신 어머니께서 '앞으로 노력해서 좋은 교사가 될 수 있는 기회'라고 말씀해 주셨고, 예비교사로서 마음을 다잡고 있습니다.

좀 더 저를 다듬어서 교사가 된 후 유아에게 긍정적인 영향을 주고, 유아들에게 사랑받는 교사가 되고 싶습니다.

[유아들과 사랑을 주고받으며 함께하는 미래]

몇 개월 후로 다가 온 졸업 후에는 학교에서 더 공부하여 1년의 학사과정을 수료하고, 유아들에게 좀 더 폭 넓고 깊이 있는 교육을 할 수 있는 교사가 되고 싶습니다. 아직 경력은 없어서 능숙하진 못하지만 초임교사로서 열정과 성실함을 가지고 노력하는 교사가 될 것입니다.

5년 후에는 임용고시를 목표로 조금 더 공부하겠지만, 결과에 상관없이 유치원 교사로서 아이들과 함께하는 생활을 보낼 것입니다.

10년 후에는 익숙해진 교사 생활에 안일하게 머물러 있지 않고 부족한 부분은 공부하고 채워가면서 발전해나가는 교사가 될 것입니다.

20년 후에는 유아교육에 있어서 어느 정도의 전문성을 가지고, 다른 유아 교사들에게 한, 두 마디 정도 조언을 해 주고 이끌어 줄 수도 있는 사람이 되었으면 합니다.

〈표 2-5〉 자기소개서 예시 ②

# 자 기 소 개 서

**[햇살처럼 싱그러운 교사]**

저는 유치원 교사라는 꿈을 이모를 통해 키워나가기 시작했습니다. 이모가 어린이집 선생님인데 외가에 와서 항상 아이들에 대해 행복한 웃음을 머금고 이야기하는 모습에 저도 아이들과 함께 행복한 삶을 보내고 싶었습니다. 아이들과 함께 행복한 삶을 보내려면 교사가 항상 긍정적인 생각과 유아를 이해하는 태도를 지녀야 한다고 생각합니다. 교사가 항상 긍정적인 생각을 지니면 아이들도 그 영향을 받아 긍정적인 아이로 자라난다고 생각하기 때문입니다. 또한 유아를 이해하는 교사는 유아들과 신뢰감이 더 많이 쌓이고 더 좋은 관계를 유지할 수 있다고 생각합니다. 그래서 저는 어려운 일이 다가와도 항상 긍정적으로 생각하고 있고, 유아가 아무리 터무니없고 유치한 말을 해도 진지하게 듣고 호응을 해주려고 노력하고 있습니다. 이러한 저의 능력이 곧 다가올 유치원 교사의 미래에 큰 도움이 될 수 있다고 생각합니다.

**[유아의 마음을 읽다]**

저의 롤 모델은 '오은영' 박사이십니다. '오은영' 박사는 유아의 심리를 파악하고 그에 맞는 훈육법과 자녀교육법을 많은 부모님들께 알려주고 계십니다. '오은영' 박사는 유아 개개인마다 특성과 발달특징을 알려주고 그에 맞는 가르침을 주는 것에 큰 감명을 받았습니다. 저는 이러한 '오은영' 박사처럼 개개인의 유아의 특성과 욕구를 파악해 제대로 된 가르침과 올바른 생활지도를 해주고 싶습니다. 모든 유아는 동일한 특성과 욕구를 지니지 않습니다. 개개인에 맞는 가르침과 지도를 하면 유아는 올바른 성장을 하게 될 것이고, 정신적으로 건강한 아이로 자라날 것입니다.

**[갈고 닦은 능력이 빛을 발하다]**

저는 어렸을 때부터 다른 사람의 의견을 공감하는 능력을 키워왔습니다. 이 능력이 유아교육과에 와서 조별과제를 하면서 더욱 커져갔습니다. 조별과제를 하면서 서로의 의견을 수용하고 공감하면서 더 좋은 결과물을 산출해 나갔습니다. 이러한 능력은 다른 사람의 의견을 부정적으로 받아들이지 않고 긍정적으로 받아들일 수 있게 하였습니다. 또한 모의시연을 하면서 어떻게 하면 더 좋은 결과물을 산출해 낼 수 있을까 고민도 많이 했습니다. 그러다보니 만들기를 좋아하게 되었고 교수자료를 준비하는데 즐거움이 생겨났습니다. 이러한 저의 능력은 유치원에서 아이들을 위한 흥미 있는 교수자료를 즐겁게 만들 수 있다고 생각했습니다.

**[멈추지 않는 열정]**

저의 미래 계획은 졸업 후에 부담임 교사를 하면서 담임선생님 밑에서 좋은 교사가 될 수 있도록 능력을 갈고 닦을 것입니다. 그 후, 담임교사가 되어서 유아들을 포용하고 올바른 가르침을 열정적으로 줄 것입니다. 또한 아이들의 흥미를 유발시킬 수 있는 좋은 교수자료가 될 수 있는 자격증을 딸 것입니다. 이러한 자격증은 아이들에게 더 좋은 교육환경을 만들어 줄 것이고, 수업의 질이 향상될 것입니다. 저는 담임교사가 되면 제 반은 항상 긍정적인 생각을 가지고 웃음을 잃지 않는 아이들이 가득한 곳으로 만들고 싶습니다.

### (3) 학교현장실습 협력학교 지정증명서

학교현장실습 협력학교 지정증명서는 실습 전에 유치원에 방문하여 학교현장실습을 할 수 있도록 승인받았음을 증명하는 서류로서 유치원에서 작성하여 유치원장의 직인을 받아 학교에 제출한다.

## 학교현장실습 협력 유치원 지정증명서

| 유 치 원 | | | 실 습 학 생 | | | |
|---|---|---|---|---|---|---|
| 유치원명 | 학급수 | 소재시 | 대학명 | 학과명 | 실습교과 | 실습 예상 인원 |
| | | | | | | |

위와 같이 본 원이 학교현장실습 유치원으로 지정되었음을 증명함.

201 .  .  .

유치원장 [직인]

## 현장실습 협약서

**00유치원(이하 "기관"이라 한다)과 00대학교 유아교육과(이하 "대학"이라 한다)의 효과적인 현장실습을 위하여 아래와 같은 내용으로 현장실습협약을 체결한다.**

1. 본 협약은 기관의 기술연마 숙련과정과 현장업무 수행기회를 유아교육과 학생에게 제공하고 대학은 필요한 지식과 기술을 교환함으로써 전문인력 양성과 기술발전의 상호발전을 도호함을 원칙으로 한다.
2. 본 협약의 기간은 201 년 00월 00일 ~ 201 년 00월 00일까지로 한다.
3. 대학은 실습인정을 사전에 기관과 협의하여 정하며 실습기간 중 알게 된 모든 사항을 비밀로 보장할 의무를 갖는다.
4. 기관은 효율적인 실습을 위하여 필요한 자원과 협력을 제공한다.
5. 대학은 실습지도를 위하여 기관의 해당분야 전문가를 실습지도자로 위촉할 수 있다.
6. 실습생은 효율적인 실습과 기관 방침의 준수를 위하여 다음 사항을 이행하여야 하며 대학 측은 기관의 방침 및 준수사항을 이행하도록 지도하여야 한다.
7. 대학은 기관과 협의된 실습비를 현장실습 실시 전 기관명의로 입금한다.
8. 본 협약에 규정되지 아니한 사항은 관례에 따르며 기관과 대학이 각각 서명하여 각 1부씩 보관한다.

| 00유치원 | 00대학교 |
|---|---|
| 원장 (서명) | 총장 (서명) |

## ② 실습생의 역할과 자세

### 1) 실습생의 역할

실습생은 실습기간 동안 학생이면서 동시에 교사라는 위치에서 복합적인 역할을 수행하게 된다. 그러므로 실습생은 지도교사의 교육철학, 교육방법, 유아들을 지도하는 방법 등에 대한 장·단점을 파악하고, 자신의 교육을 계획하고 수행하는 과정에 반영하도록 해야 한다.

실습생이 수행해야 할 여러 가지 역할들을 살펴보면 다음과 같다(윤기영 외, 2011).

#### (1) 일반적인 역할

① 관찰자의 역할

- 유아교육기관의 실내·외 환경 시설·설비를 관찰한다.
- 유아들의 흥미, 특성, 발달 등을 관찰한다.
- 지도교사의 교수행동 및 유아와의 상호작용을 관찰한다.
- 교육 프로그램의 전반에 대해서 관찰한다.

② 보조교사의 역할

- 교수 자료 및 교구 등의 자료 제작을 돕는다.
- 실내·외 환경정리, 청결, 구성을 돕는다.
- 교육활동의 진행을 돕는다.
- 유아 지도 및 상호작용을 돕는다.
- 유아들의 건강, 안전, 영양 지도를 돕는다.
- 기타 교사의 행정업무를 돕는다.

③ 교사의 역할

- 교육과정을 계획한다.
- 교수 자료를 준비 · 제작한다.
- 교육환경을 구성한다.
- 교육활동을 진행한다.
- 유아를 지도하고 상호작용한다.
- 유아들의 건강, 안전, 영양을 관리하고 지도한다.
- 교사로서의 역할을 평가하고 연구한다.
- 행정업무를 실행한다.

### (2) 하루 일과 중 실습생 역할(조운주, 2003; 윤기영 외. 2011)

① 등원 전

- 교실 창문을 열고 환기시킨다.
- 그날의 교육활동을 확인하고 필요한 교재 · 교구를 점검한다.
- 교실을 둘러보고 점검한다.

② 등원시

- 현관 및 교실에서 유아와 부모를 따뜻하게 맞이한다.
- 유아들의 옷, 가방 정리를 돕는다.
- 유아의 기분, 건강상태의 특이한 점에 대한 사항을 부모에게 전달받거나 확인한다.
- 유아들이 활동을 시작하도록 돕는다.

③ 자유선택활동

- 유아들의 각 흥미영역별 놀이 진행을 돕는다.
- 놀이를 하는 유아를 관찰하여 개인적 특성을 파악하고 유아의 놀이를 방

해하지 않도록 주의하면서 적절한 방법으로 상호작용하려 노력한다.

- 놀이가 진행되는 동안 또래 간의 협력 및 상호작용을 격려 및 촉진하려고 노력한다.
- 유아들과 눈높이를 맞추도록 의자나 바닥에 앉아 활동을 한다.
- 관찰수업 시 유아에게 지나친 관심을 표현하지 않는다.
- 일부분의 유아들에게만 집중하지 않는다.
- 유아들을 몰고 다니지 않는다.
- 적극적인 자세로 유아와 상호작용한다.
- 소극적인 유아는 적극적으로 친구들과 놀이를 할 수 있도록 도와준다.
- 친구를 꼬집거나 때리거나 큰 소리를 지르며 뛰어다니거나 친구를 방해하는 유아를 도와준다.
- 교재교구를 바르게 사용하도록 도와주고 정리정돈 시 함께 도와준다.

④ 전이활동

- 정리정돈 5분 전에 미리 알려 주어 하던 놀이를 마무리하도록 진행한다.
- 신호음과 함께 정리를 시작하고 정리를 도와주어 함께 마무리하도록 격려한다.
- 유아들이 할 수 있는 일은 스스로 하게 격려한다.

⑤ 대·소집단 활동

- 대그룹활동 시 유아 대형 뒤편에 앉아서 참관 기록하며, 집중하는 것을 어려워하는 유아에게 개별 도움을 준다.
- 지도교사가 수업을 진행할 때에는 수업 및 유아들의 반응을 관찰한다.
- 집단활동의 특성과 내용에 따라 유아의 주의 집중이 잘 될 수 있도록 진행하고 유아의 주의 집중정도를 살펴보고 파악한다.
- 소그룹 활동시 유아들이 정해진 집단으로 가게 한다.

⑥ 간식 및 점심

- 간식 및 점심 준비를 돕는다.
- 유아들이 감사하는 마음으로 식사를 즐겁게 할 수 있도록 분위기 유도한다.
- 교사는 유아를 다 챙겨 주고 난 후에 식사를 한다.
- 지도교사와 다른 책상에서 유아들과 식사하며 보살핀다.
- 정리는 유아들이 스스로 하게 격려하고 꼭 필요한 경우에만 도와준다.
- 바람직한 식습관 형성과 기본생활습관이 이루어지도록 지도한다.
- 음식은 가능한 한 다 먹을 수 있도록 지도한다.
- 아파서 밥을 먹지 못하는 유아가 없나 살펴보고 스스로 먹지 않는 유아는 교사가 떠먹이는 일이 없도록 한다.
- 식사 후에는 양치질을 할 수 있도록 한다.

⑦ 바깥놀이

- 교실이동 시에는 마지막 유아를 챙기고 뒤에서 유아들의 안전을 살피며 함께 이동한다.
- 실외환경의 안전점검에 유의하여 유아들의 놀이를 살핀다.
- 다양한 영역에서 활동이 고르게 일어나도록 돕는다.
- 교사끼리 대화하지 말고 유아들의 놀이 형태와 방법에 관심을 갖는다.
- 필요한 경우 수건이나 휴지를 가지고 나간다.
- 유아들에게 스스로 놀잇감을 정리하게 하고 도움이 필요한 경우 돕는다.
- 유아가 다치거나 문제가 있을 경우 담임교사에게 바로 알리고 교사의 지시에 따라 처리한다.

⑧ 귀가

- 유아들이 옷 입고 물건이나 유인물을 챙기는 것을 돕는다.
- 유아들의 안전한 귀가를 확인한다.
- 유아와 부모에게 인사한다.

## 2) 실습생의 자세

현장실습기간 중 실습생으로서 가져야 할 자세와 실습기관에서의 예절을 정리하면 다음과 같다(김경의, 2015; 오영희, 2006; 김유정, 2016).

### (1) 일반 근무 자세

- 근무시간을 엄수한다.

  실습생은 매일 출근하는 즉시 출근부에 날인하며 출근은 지도교사보다 10분 정도 일찍  하여 하루 일과를 준비하는 것이 좋다. 실습기간 중 무단으로 결근, 지각, 조퇴, 사적인 외출은 원칙적으로 금하며, 부득이한 경우 지도교사의 양해를 얻고 원장의 승인을 얻는다.

  또한 정규일과 외의 행사나 견학도 기관의 중요한 교육활동이므로 실습생은 배운다는 자세로 함께 참여하는 것이 바람직하다

- 실습은 원장과 실습 지도교사의 지도와 감독에 따른다.

  대학에서 배운 이론과 실제 사이에 차이를 느낄 때가 있다. 실습기관의 대내외적인 요인과 기관의 독특한 철학에 따라 다를 수 있다. 따라서 실습생을 일방적인 비판이나 비방을 삼가는 것이 바람직하다. 궁금한 점이나 어려운 점이 있으면 실습 지도교사에게 문의하여 해결하고 지도를 성실하게 받아들이도록 노력한다.

- 실습기관의 시설과 비품 등을 사용하고자 할 때에는 지도교사와 협의한 후에 허락을 받아 사용하고 정확히 반납한다.

  실습생은 자신의 수업에 필요한 물품을 미리 점검하여 컴퓨터, 악기, 공과 같은 자료나 비품의 경우 기관의 자료를 이용하고 사용이 완료된 후에는 깨끗하게 정리하여 처리한다. 소모품은 본인이 직접 구입하여 사용하는데, 만일 유아교육기관의 요구로 제작하는 교구의 경우 기관의 자료

를 어느 정도 활용할 수 있는지 확인한다. 교구 제작은 지도 교사와 사전에 협의하여 교구 제작계획서와 활용 방법을 준비해야 실수를 줄일 수 있다.

- 기관의 교직원과 방문자에게 밝고 예의바른 태도를 갖춘다.

실습기간 동안 실습생은 기관의 영유아와 지도교사 외에 원장 및 다른 학급 교사, 동료실습생, 조리사, 기사, 학부모, 외부 사람들을 접하게 된다. 이때 실습생은 실습기관의 구성원이라는 연대감을 가지고 예의바르게 행동하고, 언어와 태도에 있어서 교사로서의 품위를 잃지 않도록 한다. 실습생은 기본적으로 전화 통화나 만나는 사람들에게 예의를 갖춰 먼저 인사를 건네는 것이 좋다. 동료 실습생과도 불필요한 잡담을 피하고 기관에서는 상호 존중하는 태도로 대하며 이름을 부르지 말고 '○○○ 선생님'으로 호칭을 사용한다.

- 영유아들에게 모범이 되는 언어와 행동을 실천한다.

유아교육기관은 영유아를 가르치고 돌보는 기관이며, 실습생은 영유아들에게 교사로 비춰지므로 말과 행동에 적절히 조심한다.

- 실습기관의 내부 비밀이나 문제, 원장 및 교사들의 사적인 내용, 원아와 가정에 대한 사항은 외부에 발설하지 않는다.

유아교육기관은 역할에 따라 여러 교직원이 함께 생활하는 곳으로 다양한 인간관계와 기관의 특별한 내부 상황을 경험할 수 있다. 실습생이 주관적 입장에서 가볍게 한 말이 문제의 발단이 될 수 있으므로 불필요한 사적인 얘기를 옮기지 않는 것이 바람직하다. 또한 실습기간동안 유아들과 돈독한 정을 나누다 보면 부모와도 각별해질 수 있다. 그러나 학부모를 일과 후에 사적으로 밖에서 만난다거나 개인적인 관계를 유지해서는 안 된다.

### (2) 실습생의 예절

- 항상 밝은 모습으로 인사한다.
- 교직원이 부탁이나 도움을 요청할 때 항상 긍정적인 대답을 먼저하고 추후 상황을 말씀드린다.
- 대답을 할 때는 상대방의 호칭을 같이 덧붙인다(예: 예, 원장님).
- 상대방보다 먼저 인사한다.
- 차분하고 조용한 말투를 사용하며, 모든 교직원들에게 항상 경어를 사용한다.
- 항상 배운다는 자세로 임한다.
- 정시에 출근하여 교실 정리 및 등원 맞이 준비를 한다.
  (전등 켜기, 창문 열어 환기시키기, 교구장 닦기, 식수와 컵 준비 등)
- 담임교사보다 먼저 움직이고 부지런하게 활동한다.
- 담임교사가 무엇을 원하는지 미리 파악하고 무엇을 도와야 하는지 먼저 물어본다.
- 담임교사의 유아 지도 방법에 있어서 관여하지 않는다.

### (3) 실습생의 복장

- 옷은 가급적 밝은 색상으로 입는다.
- 활동하기에 편안한 복장을 착용한다.
  (짧은 미니스커트, 배꼽티, 찢어진 청바지 등은 자제)
- 덧신 또는 실내화를 신는다(맨발 자제).
- 실습교사 명찰을 꼭 착용한다.
- 머리를 단정하게 한다.
  (과도한 염색, 풀어헤친 긴 머리, 모자착용 등은 자제)
- 손톱은 짧아야 하며, 매니큐어를 칠하지 않는다.
- 액세서리는 되도록 하지 않는다(돌출된 반지, 큰 귀걸이, 목걸이 자제).
- 굽이 높은 구두보다는 운동화 착용이 활동에 편하다.

- 화장은 엷게 하며 향수 사용은 자제한다.

### (4) 실습기관에서의 인간관계

현장실습의 목적이 잘 성취되기 위해서는 현장실습에 직·간접으로 관련을 가지는 사람들이 현장실습의 목적을 분명히 그리고 호의적으로 수용하고 상호 협력하는 자세를 가져야 한다. 현장실습에 관여하는 사람은 많지만 가장 중요한 사람들은 실습생, 지도교사, 지도교수, 유아들이며 이들 간의 유기적인 관계를 살펴보고자 한다.

#### ① 실습생과 지도교사

실습 유치원의 지도교사는 실습생의 현장실습에 있어서 일차적인 책임을 지는 중요한 지위에 있다. 일반적으로 실습유치원의 원장은 가장 뛰어난 교사를 지도교사로 임명하기 때문에 지도교사는 실습기관의 대표적인 교사이다.

따라서 지도교사는 자기의 담당 학급과 교과 학습에 대한 책임을 가지는 동시에 실습생의 현장실습을 지도할 책임도 지게 된다.

#### ② 실습생과 지도교수

실습생과 지도교수는 오랜 협력 관계를 유지해 왔기 때문에 상호간에 솔직하게 의견교환을 할 수 있는 관계이다. 현장실습을 위한 사전 교육에서 빈번한 면담과 토의과정을 거치는 동안 지도교수는 실습생에 대한 다양한 정보를 알고 있어 실습 순회를 통해 적절한 지도와 도움을 줄 수 있다.

#### ③ 실습생과 유아

실습생과 유아들은 서로 밀접한 관계를 갖는다. 유아들은 실습생에 대해 호기심과 관심을 보인다. 4주간 유아들의 발달 특징과 학습활동을 보면서 유아들에 대한 이해를 높이게 되고 유아들에게 지도하는 방법을 익히게 된다.

④ 지도교사와 지도교수

두 사람의 관계는 그들의 고유한 임무 때문에 실제로 대면하기가 어렵다. 대부분의 경우 이들은 지도교수의 정규적인 현장실습 순회 지도에서 만나게 되는 경우가 많다. 지도교수는 직접 방문과 우편을 통하여 지도교사에게 실습생의 배경, 현장실습 준비상태, 흥미, 기술, 재능 그리고 단점 등을 상세하게 알려주어 지도교사를 도와주어야 한다. 또한, 지도교사가 실습생의 현장실습의 상황을 상세하게 보고하는 것은 지도교수에게 큰 도움이 된다. 현장실습 후 전개되는 종합 평가 및 추후 지도에 유용한 자료가 된다.

CHAPTER

# 03

# 유아발달과 교사역할 이해

1. 유아발달 이해
2. 유아교사의 역할 이해

## 1 유아발달 이해

실습생의 역할 중에 유아에게 유용한 학문적 지식을 구체적 경험 활동으로 변형시키는데 유아 발달에 관한 지식이 필요하다. 유아가 또래들에게 보이는 발달 특성을 얼마나 갖고 있고, 그러면서도 또래들과 어떤 점에서 개인적으로 차이가 나는지 등을 안다는 것은 실습생이 교육활동을 결정하고 계획하는데 중요한 요소가 된다.

유아기는 3세경에서 5세경에 이르는 시기로 영아기와는 신체적, 지적, 사회적으로 현저히 다른 시기로서 적극적인 활동과 탐색, 발견이 이 시기의 특징이다. 또한 언어 및 인지에서 급속한 발달이 이루어지는 시기이다. 신체적으로 독립된 개체로서 자유의지에 의하여 몸을 움직일 수 있다. 따라서 영아기에 불가능했던 다양한 자조기능을 습득하며 사회적 가능과 태도에서도 놀라운 발달을 보인다. 사회성의 발달과 함께 이 시기 유아의 정서반응도 영아기보다 더욱 분화되어 나타난다. 이러한 발달특징으로 유아는 급속히 사회화되어 가면서 자기의식을 발달시키고 사회적 접촉에서 사회의 가치체계를 내면화하면서 보다 확대되고 다양한 행동양식을 형성하게 된다.

또한, 유아기는 모든 측면에서 상당한 성장과 변화가 일어난다. 영유아기는 의사소통을 비롯하여 인지능력, 운동능력이 급속도로 발달하며, 또래와의 관계에도 상당한 관심을 갖게 된다. 자기주장과 지배에 대한 욕구가 매우 강한 시기이다. 이는 개인으로서의 자신을 의식하기 시작하는데서 비롯된 것으로 반항과 고집, 자기주장이 나타나기 시작한다. 이처럼 영유아기는 모든 영역에서 현저한 발달과 함께 발달영역 간의 유기적 상호연결에 의해 독특한 개인이 형성된다.

### ① 신체운동발달

유아기는 2세 이후가 되면 자기신체의 균형을 잡을 수 있고 여러 가지 자조기능을 발달시킨다. 대소변 가리기는 신체의 구조와 괄약근육의 성숙 및 분화와 깊이 관계되어 있어서 대개 약 1세 전후에 배변통제 시작되고 섭식행동에서도 스스로 할 수가 있다. 또한 신체발달과 눈과 손의 협응 능력의 발달로 유아는 잠시도 가만히 있지 못하고 대근육활동을 활발하게 한다.

### ② 인지발달

유아기는 피아제의 인지발달단계 중 감각운동기를 거쳐 전조작기 단계로 접어들어 상징과 정신적 표상능력이 급격히 증가하여 인지발달에 상당한 진전을 이루는 시기이다. 그러나 아직 유아기의 인지발달은 제한적이어서 대체로 자아 중심적이고, 사물의 외양에 의해 지배되며, 겉으로 드러난 특정 사실에만 초점을 맞추어 비논리적인 추론을 하며, 주의 집중력이 짧고 사물을 비체계적이고 불완전한 방법으로 탐색하는 특성을 보인다. 또한, 지각은 전체적인 구성을 지각할 수 있게 되고, 이러한 지각발달로 지각된 내용에서 상호관련성을 알게 되며, 보다 더 복잡한 인지체계로 지각한 내용을 조직할 수도 있게 된다.

일상생활에서 만나는 주위의 여러 대상들을 변별할 수 있는 변별력이 발달시켜 이러한 변별력이 다양한 자극들이 지닌 공통의 특징이나 특성을 배워 가는 개념의 발달이 나타난다. 지적 능력의 발달은 보다 복잡한 학습능력을 가능하게 하며, 또래 간의 사회적 관계나 사회적 능력과도 향상시켜줌으로써 사회의 한 구성원으로 필요한 행동을 강화시켜 나간다.

### ③ 언어발달

유아기는 폭발적인 어휘력의 증가를 보이는 시기로 어휘나 문장의 길이 또한 증가되어 보다 복잡한 의사소통이 가능하게 된다. 3세가 지나면서 유아들도 의사소통을 효율적으로 하려고 말을 할 때는 자신이 원하는 내용만 말하는 것이 아니라, 하고자 하는 내용을 듣는 사람에게 맞추어야 한다는 것을 배우게 된다. 또한, 의사를 전달하였음에도 이것이 성공하지 못할 경우, 1세 이후 사용하였던 단순히 반복하는 전략을 사용하는 것이 아니라 자신의 말을 수정하는 경향을 보이다가 4세가 되면 같은 말일지라도 상황이나 듣는 사람의 연령 등을 고려함으로써 메

시지를 효과적으로 구성할 수 있게 된다. 5세 영유아들은 주변에서 보고 경험한 여러 유형의 인물이나 사건을 언어로 표현하며 의사소통할 수 있게 한다. 또한 다른 또래와의 상호작용을 통해서 민주적으로 역할을 분담하며 협동적인 놀이가 가능하게 된다. 유아들이 타인의 욕구나 관점을 고려하며 사회적 언어를 사용하여 의사소통을 하게 되는데 결국, 영유아들이 사용하게 되는 사회적 언어는 단순히 정보전달을 위한 것이 아닌 타인에게 자신의 의사를 이해시키기 위하여 질문과 다양한 반응의 형태를 내포한 다양한 의사소통을 하게 된다.

### ④ 사회 · 정서 발달

유아기 동안 사회적, 정서적, 도덕적인 영역에서 상당한 진전을 보이게 된다. 특히, 또래와의 상호작용은 중요한 학습의 기회를 제공하고 유아의 사회화 과정에 많은 영향을 주게 되는데, 유아는 또래와의 사회적인 관계를 잘 유지하기 위해 자신의 충동을 억제하여 사회적으로 수용되는 방식으로 적절한 행동을 취할 수 있는 자아통제력을 증가시키게 된다. 또한 유아기는 자율감, 성취감 및 자존감의 기초를 자아개념을 발달시킨다. 또한 유아기에는 초보적인 양심 즉 부모를 동일시하는 과정에서 유아는 부모의 행동과 기대에 의하여 부모의 태도, 가치를 자기 것으로 내면화하면서 초자아를 발달시켜 나간다.

유아기 정서는 매우 강렬하게 나타나지만 일시적이다. 영유아는 감정표현을 폭발하듯이 강렬하게 한다. 화가 날 때 온몸을 사용해서 그 성냄을 표현하고, 좋을 때는 깡충깡충 뛰면서 감정표현을 한다. 하지만 그 강렬함이 오래가지는 않고 금방 화를 내다가도 쉽게 풀어지는 금방 울다가 웃음을 터트리기도 한다. 또한 유아는 상상력으로 인해 여러 가지 무서운 생각을 갖게 되면서 두려움이라는 새로운 정서를 갖게 된다. 그리고 타인에 대한 감정적인 적대적 공격성이 나타나게 되는데 공격성을 조절하고 이타적인 행동을 학습하는 일은 유아기의 사회 · 정서 발달에서 성취해야 할 가장 기본적인 과업 중의 하나이다.

〈표 3-1〉 3세 유아발달의 특징

| 발달 영역 | 발달 특성 |
|---|---|
| 신체운동 발달 | • 대근육의 운동조절 능력이 증진된다.<br>• 속도를 변화시키며 뛰거나 돌 수 있고, 계단 오르기, 세발자전거 타기가 가능하다.<br>• 소근육 기술이 세련되지는 못하나 양손을 사용한 신체적기술에 관심이 많다.<br>• 운동기능 및 감각기능의 협응력이 필요한 활동이 가능하다.<br>• 초보적인 가위질하기와 그리기가 가능하다. |
| 인지 발달 | • 이과관계를 이해하고, 결과를 예견하는 능력이 나타난다.<br>• 주의집중 시간이 짧고 실제와 가상을 구별하지 못한다.<br>• 상상력이 이전보다 뚜렷이 증가하지만 추상적 사고를 다룰 수 없다.<br>• 보고 들은 것의 재생이 가능하나 두 가지 이상의 정보를 기억하지 못한다.<br>• 단순하고 구체적이며, 감각적인 사고를 하며, 한 가지 특성에 의존하여 사물을 판단한다. |
| 사회성 및 정서 발달 | • 자율성과 독립심이 싹튼다.<br>• 혼자놀이에 익숙하고, 양보 능력이 거의 없으며, 성인과 가까이 있기를 좋아한다.<br>• 자신의 감정을 솔직하게 표현하고, 부정과 반항의 표시가 많으며, 특히 피곤하거나 통제를 받으면 화를 잘 내고 변덕을 부린다.<br>• 성인 및 또래의 인정과 칭찬에 관심이 많으며, 또래에 대한 질투의 감정이 강하게 나타난다.<br>• 시각적인 것에 공포심을 표현한다. |
| 언어 발달 | • 어휘 수가 급격하게 증가한다(약 1,000개)<br>• 말하는 것을 즐기고, 새로운 단어에 관심이 많으며, 우스운 소리나 말놀이를 좋아한다.<br>• 세 단어로 한 문장을 표현하는 세 단어기 언어 표현을 사용하며, 다양한 문장 표현과 의문문, 부정문을 사용하나 문법에 맞지 않는 불완전한 문장을 사용할 때도 있다.<br>• 그림책을 보면서 실제 내용과 비슷하게 꾸며 읽는다. |

〈표 3-2〉 4세 유아발달의 특징

| 발달 영역 | 발달 특성 |
|---|---|
| 신체운동 발달 | • 신체 운동 기술이 발달하여 독립적이고 활동적인 운동과 새로운 신체적 기능을 활용한다.<br>• 대근육 활동이 활발해지고, 소근육과 눈과 손의 협응력의 발달이 점차 정교해진다.<br>• 단순한 협응력이 요구되는 기술은 도움을 필요로 하지 않으나 시간이 오래 걸린다.<br>• 한발로 서서 균형을 잡는다. |
| 인지 발달 | • 인과 관계의 유추가 가능하며 간단한 사건의 이유를 설명할 수 있다,<br>• 상상과 가상을 구별하며 현실을 인식하고 사물의 속성과 기능의 유사점 및 차이점에 의해서 분류하고 범주화하는 능력이 형성되기 시작한다.<br>• 탐색적 · 논리적 사고, 기억력, 언어 표현력의 발달이 활발히 이루어진다. |
| 사회성 및 정서 발달 | • 친구를 좋아하고, 동성의 유아에게 관심을 보인다.<br>• 혼자놀이를 중심으로 하지만, 집단놀이가 나타난다.<br>• 타인의 요구사항을 이해하게 되고, 규칙을 배울 수 있으며, 상대방을 고려하고 도와줄 수 있다.<br>• 남녀의 성역할을 인식하기 시작하며, 사회적 인간관계에서 관심이 많다.<br>• 성인 및 또래의 인정과 칭찬에 민감하다. |
| 언어 발달 | • 3~7개의 단어를 사용하여 완전한 문장으로 말할 수 있으며, 어휘수가 1,600개 정도 된다.<br>• 과장이나 유머를 좋아하고 이야기를 듣거나 다른 사람과 이야기하기, 노래 부르기, 책 읽기를 좋아한다.<br>• 글자, 숫자, 단어를 인식하기 시작하며, 읽고 쓰기 위한 모양의 변별이 가능 하다.<br>• 왕성한 호기심으로 질문이 많아진다. |

〈표 3-3〉 5세 유아발달의 특징

| 발달 영역 | 발달 특성 |
|---|---|
| 신체운동 발달 | • 신체적 비율이 유아 전기보다 성인의 신체비율에 가까워진다.<br>• 안정되고 민첩하며 균형적인 동작이 가능하며, 대근육 발달에 의해 뛰기, 달리기, 균형적인 동작이 가능하며, 대근육 발달에 의해 뛰기, 달리기, 균형 유지하기, 두발자전거를 탈 수 있다.<br>• 신체 협응 능력과 소근육 발달이 더 정교해진다.<br>• 운동신경이 발달하며, 자신의 운동기술을 실험해 놀이를 선호한다. |
| 인지 발달 | • 사물의 속성과 기능의 유사점 및 차이점에 의해 분류하고 범주화 한다.<br>• 구체적 사물의 지각 경험과 논리적인 사고능력에 기초한 보존개념, 시간·공간개념 및 인과관계, 과학개념이 발달한다.<br>• 회상과 재생 및 기억력이 점차 아동기의 수준과 비슷하게 발달한다.<br>• 문제를 해결하기 위해 탐색, 질문, 예측, 관찰, 실험하기를 즐긴다. |
| 사회성 및 정서 발달 | • 협동하기, 돕기, 협상하기, 공감하기 등의 사회적 기술과 규칙이 발달한다.<br>• 또래의 인정에 민감하여 또래의 규제력이 유아의 중요한 사회적 준거가 된다.<br>• 사회적 기술과 역할을 인식하며, 사회적 상호작용에 관한 지식이 발달한다.<br>• 감정표현이 풍부하고, 분화된 정서 형태에 따라 정확한 감정을 표현할 수 있다. 상황에 맞게 부정적인 정서를 피할 줄 알게 되고 감출 수도 있다.<br>• 자신감이 증가하며, 상상력이 발달하여 상상적인 공포감이 나타난다. |
| 언어 발달 | • 완전한 문장으로 말할 수 있으며, 다른 사람과 적절히 의사소통할 수 있다.<br>• 문장 형태와 문장 이해력이 성인의 언어형태와 유사하며, 글자의 이름·소리·단어의 변별이 가능하며, 말하기에 사용되는 어휘가 늘어나 의사소통에 거의 불편함이 없게 되며, 일기와 쓰기에 흥미를 느끼고, 기본 기술을 습득한다. |

## 2 유아교사의 역할 이해

### 1) 일과운영자로서의 역할

유아교육기관에서 하루일과는 등원시간부터 귀가하는 시간까지 여러 활동들로 일과가 구성된다. 일과는 크게 신체적 요구와 관련된 활동과 유아의 관심과 흥미를 고려한 교육활동으로 나누어 볼 수 있다. 이 두 활동은 분리되어 있는 것이 아니라 서로 유기적인 관계를 유지하게 되는데, 연령이 어릴수록 전체 일과 중에 신체적 요구와 관련된 교육활동이 길고 중요하며, 연령이 높아질수록 관심과 흥미를 고려한 교육활동이 전체 일과에서 차지하는 비중이 커지게 된다. 교사가 유아의 발달 수준과 흥미를 고려하여 유아의 욕구를 가장 잘 충족시켜 줄 수 있는 일과 계획을 세우도록 해야 한다.

발달에 맞게 질 높은 일과운영을 위해 반영되어야 할 유아들의 요구를 살펴보면 다음과 같다.

① 안락하고 따뜻한 느낌에 대한 요구 : 유아의 능력을 지적, 정서적, 정신적으로 최대한 개발할 수 있도록 개별적으로 존중하고 수용되어야 한다.

② 안전에 대한 요구 : 신체적, 도덕적, 사회적 위험으로부터 보호하여야 하며 건강을 증진시키고 모든 질병으로부터 보호되어야 한다.

③ 다양한 물체와 재료를 실험해 봄으로써 적극적 탐구하고 자유롭게 움직이고자 하는 요구

④ 언어, 미술, 음악, 과학 및 다양한 매체를 통해 의사소통의 수단을 개발시키고자 하는 요구

⑤ 자신의 성취에 대해 자부심을 느끼고 자기 신뢰와 독립심을 얻으며, 자신있게 문제를 해결하는 방법을 배우고 인간관계에 대응하는 법을 점차적으로 배우고자 하는 요구

⑥ 놀이, 적당한 여가 및 삶을 즐기려 하는 요구 : 관심사를 넓힐 수 있고 주위 세계에 대한 개념을 명료화하기 위해 적절한 경험을 갖고자 하며, 영아기에 적합하고 자연스러운 천진한 웃음, 쾌활함, 유머를 즐기고자 하는 요구

이상으로 즐겁고 편안하고 안전한 가운데 다양한 물체를 조작, 탐구해 보며 여러 가지 매체를 통해 스스로를 개발하여 자기신뢰와 인간관계에 적응하는 것을 배울 수 있도록 해야 한다.

다음은 일과운영에서 일방적인 원칙을 제시한다.

① 일정한 규칙의 원칙 : 교육기관에서의 규칙적인 일과는 유아가 하루 활동의 순서를 예견할 수 있도록 해줌으로 유아에게 정서적 안정감을 주게 되는데, 예측 가능한 일과 운영은 시간을 엄격하게 지키는 것의 의미이기보다는 일과의 일정한 순서에 대한 것으로 이러한 일정한 순서는 유아가 스스로 자신의 활동을 계획하고 조정할 수 있게 해준다. 정적 / 동적 활동, 정리, 휴식, 화장실 가기, 간식 등의 활동이 유아의 신체 주기를 고려하여 일정하게 배정된다면 유아는 가장 편안한 상태에서 활동에 집중할 수 있게 된다.

② 균형의 원칙 : 교육 활동을 계획할 때 한 가지 유형의 활동에 치우치지 않고 유아가 고르게 활동 하도록 유아의 건강, 영양, 교육적 요구를 고르게 충족될 수 있도록 한다.

유아의 일과는 인지적 · 정서적 · 사회적 · 신체적 · 언어적 발달과 수유, 섭식, 배변 등의 생리적 욕구와 휴식 활동이 균형을 이루도록 짜여져야 한다. 그리고 개별 · 소집단 · 대집단활동 / 동적 · 정적 활동 / 실내 · 실외 활동 / 교사주도 · 유아주도 활동이 균형있게 이루도록 일과를 계획하고 운영해야 한다.

③ 융통성의 원칙 : 유아의 개별적인 차이, 활동 주제, 유아의 흥미와 관심, 날씨 등과 같은 변수에 따라 융통성 있게 운영하는 것으로 유아의 흥미와 관심이 높은 활동이라면 교사는 융통성 있게 시간을 조정할 수 있어야 한다. 또한, 집단의 요구뿐만 아니라 개별 유아의 요구도 반영되어야 하는데, 활동에 관심을 보이지 않는 유아, 활동을 좀더 하고 싶어 하는 유아, 낮잠을

자려고 하는 유아, 그렇지 않는 유아등 유아의 개별적인 요구 역시 교사가 일과운영에 고려되어야 할 사항이다.

④ 변화의 원칙 : 교사는 일과운영에 있어 내용과 유형을 다양하게 변화시켜 유아가 활동에 흥미를 잃지 않고 기대감과 흥미를 지속적으로 유지하여 보육기관에서의 생활을 좀더 즐겁게 할 수 있도록 운영해야 한다. 매일 일정한 순서로 이루어지는 일과 활동이라고 유아의 생활 경험을 풍부하게 할 수 있도록 교실 환경 구성의 변화, 교구의 배치, 새로운 활동 소개 등 일상 활동에서의 작은 변화뿐만 아니라, 견학활동, 생일 축하, 부모님 초대의 날 등 특별한 날을 일과 계획에 반영 할 수 있도록 연초에 연간 행사 계획을 수립하는 것이 필요하다.

### 2) 환경구성 및 제공자로서의 역할

교육기관에서는 교수・학습의 주체인 교사와 유아 그리고 유아에게 효과적인 교육의 실제를 실현하기 위하여 현장의 다양한 사회문화적 조건이나 유아의 발달적 특성에 부합하는 질 높은 교재・교구가 필요하다. 보육의 목적과 목표를 이루기 위하여 사용하는 다양한 자료와 도구를 총칭하는 교재・교구는 실제에 참여하는 교사와 유아가 최적의 조건에서 상호작용하는 것을 가능하게 함으로써 최선의 교육적 여건을 마련하기 위한 중요한 조건이라 할 수 있다.

교육기관에서 유아가 등원하여 귀가하기까지 이루어지는 생활 자체를 교육과정이라고 할 수 있다. 삶 자체가 교육과정이 되는 이러한 상황에서 이루어지는 모든 활동에서는 유아들의 발달 및 학습특성에 따른 다양한 환경을 제공한다. 교육기관의 일과에서 활용되는 환경구성 및 교재・교구에 대하여 살펴보면 다음과 같다.

#### (1) 등원

등원은 유아가 교육기관에 도착하는 순간을 의미한다. 이 순간부터 유아는 가정이나 부모와 떨어져 교육기관에서 또래와 교사들과 상호작용하여 생활을 하게 된다. 새로운 환경에서의 생활을 시작하는 등원시간에는 많은 유아들이 정서적 어려움을 경험하곤 한다. 특히 학기 초에는 부모 혹은 다른 가족들과 헤어지는 것에 대하여 분리불안을 느끼는 유아들이 있는데 이러한 경우 이들이 좋아하는 교구나 친숙한 물건들을 효율적으로 활용할 수 있다.

### (2) 자유선택활동

#### ① 언어영역

유아교실에서의 언어영역은 여러 가지 언어활동을 할 수 있도록 준비된 공간이다. 유아들은 이 영역에서 듣기, 말하기, 읽기, 쓰기 활동을 함으로써 의사소통 능력을 발달시키게 된다. 언어영역에는 말하기와 읽기 활동을 위한 손인형, 융판동화 자료와 융판, 이야기를 꾸며 볼 수 있는 그림 자료, 신문, 잡지 등 다양한 읽을거리 등이 준비되어 있어야 한다, 듣기 활동을 위해서는 반원 탁자나 작은 책상을 콘센트가 가까이 있는 벽에 붙여 놓고, 녹음기와 동화테이프, 헤드세트 등을 준비해야 한다. 쓰기 활동을 위해서는 필기도구와 글자판, 개인 공책 등을 준비해 둔다.

#### ② 역할놀이영역

가정과 같은 분위기로 구성된 역할 놀이영역에서 유아들은 부모, 형제를 비롯한 다양한 가족 구성원들의 역할을 극화해 보기도 하고, 다양한직업과 관련된 인물이나 사건들에 관하여 구체적인 교재・교구를 활용하여 놀이해 보기도 한다. 역할놀이영역에 준비되어 있어야 하는 가장 기본적인 교재・교구는 가족 구성원이 가정에서 사용하는 여러 가지 물품들의 모형이다.

#### ③ 쌓기놀이영역

쌓기놀이영역은 다양한 모양, 색, 크기, 그리고 재질로 만들어진 블록으로 여러 가지 구조물들을 만들며 놀이하는 공간이다. 쌓기놀이영역에는 기본적인 블록

(유니트 블록, 작은 블록-듀플러블록, 큰블록-우레탄 블록, 종이벽돌 블록 등)과 각종 소품(사람모형, 동・식물, 집, 교통표지판 등), 유아들에게 아이디어를 주는 참고 자료(그림화보 등) 등을 제시해 준다.

④ 조형영역

조형영역은 유아들이 자유롭게 다양한 자료를 탐색하고 그 자료를 이용하여 독창적이고 창의적인 표현을 할 수 있도록 고안된 공간이다. 창의적인 활동이 풍부하게 이루어지기 위해서는 충분한 자료와 적절한 비품들이 갖춰져 있어야 한다. 이 영역에는 4~8명의 유아가 편안히 앉아서 작업할 수 있는 책상, 다양한 미술 재료가 마련되어 적절히 배열된 교구장, 작품 건조대, 청소 도구 등이 필요하다.

⑤ 수・조작 영역

수・조작 영역은 조작하는 게임, 그림 맞추기 그리고 일반적인 유아들이 책상 위에서 가지고 놀 수 있는 교구 및 놀잇감들이 준비되어 있는 활동 영역이다. 이 영역에는 퍼즐류, 분류하고 포함하는 놀이, 손으로 조작하는 장난감(구슬 꿰기, 단추 끼우기 등), 수 놀이 장난감(수 세기 구슬, 숫자를 이용한 게임 및 카드), 단원 학습의 개념과 관련되는 교구(자연현상, 사회 현상 및 기능에 대한 기본 개념을 알 수 있는 것 등), 그 그룹 게임을 위한 자료(도미노, 기억하기, 윷놀이 등)를 제시할 수 있다.

⑥ 과학영역

과학영역에서 유아들은 다양한 교구와 자료를 자유롭게 탐색하고 실험하는 경험을 함으로써 여러 가지 과학의 개념을 이해하게 된다. 이 영역에는 유아들이 직접 만져보고, 들여다보고, 실험할 수 있도록 유아들이 생활에서 흔히 볼 수 있는 자료와 유아들의 호기심을 불러일으킬 수 있는 새롭고 신기한 자료들이 적절히 조화롭게 제시되어야 한다.

#### ⑦ 음률영역

음률영역은 유아들이 음악을 듣고, 노래를 부르며, 악기를 연주하고, 율동을 해 볼 수 있는 공간이다. 이 영역에는 리듬 악기류(탬버린, 캐스터네츠, 트라이앵글 등), 멜로디 악기류(실로폰, 멜로디언 등), 전통 악기류(소고, 장구 등), 기타 음률활동을 할 때 사용할 수 있는 소품들(리본막대나 스카프 등), 유아들이 조작할 수 있는 녹음기, 음악과 관련된 사진 등이 제시된다.

#### ⑧ 컴퓨터 영역

유아교실에서 제공되는 컴퓨터는 유아들의 창의적인 놀이를 격려해 줄 수 있는 하나의 교재라고 할 수 있다. 컴퓨터 영역에서 제시 될 수 있는 교재・교구는 컴퓨터(데스크톱 혹은 노트북 컴퓨터), 다양한 색상으로 인쇄가 가능한 프린터, 스캐너 등과 유아들이 컴퓨터를 검색하여 조작한 결과물들을 수집하여 만든 책, 기본적인 컴퓨터 사용법에 관한 어린이용 컴퓨터 활용 방법 책, 컴퓨터 작동 방법표 등이 있다.

#### ⑨ 물・모래놀이 영역

유아들은 물과 모래 영역에서 자유롭게 놀이하며 스트레스를 해소하고 정서적 안정감을 형성할 수 있게 된다. 또한 물놀이와 모래놀이를 하면서 물과 모래의 특성을 알게 되고, 모래와 물을 활용한 다양한 구조물들을 구성하면서 공간지각 능력도 향상시킬 수 있다.

### (3) 집단 활동

#### ① 이야기 나누기

이야기 나누기 활동은 언어를 통한 상호작용이 주를 이루지만 언어만 가지고는 효과적인 교육성과를 올리기 어렵다. 따라서 이야기 나누기 활동의 종류에 따라 적합한 교재・교구가 필요하다. 예를 들면 하루의 활동을 계획하고 평가할 때, 주말에 있었던 이야기를 나눌 때, 집단으로 특정 문제에 대하여 토의를 할 때에 유아들의 이야기를 정리하여 적을 수 있는 화이트보드나 유성 매직 등의 교구가 필요하다. 또한 새로운 물건에 대하여 소개할 때나 새 소식을 전할 때, 주제에 따른 개념을 학습할 때에는 적합한 실제 물건이나 그림 · 사진 자료, 혹은 백과사전과 같은 교재 · 교구 등을 제시하면 보다 효율적으로 활동을 진행할 수 있다. 그 외에 이야기 꾸미기를 할 때에도 유아들에게 이야기를 꾸밀 수 있는 자료들을 제공한다면 유아들로부터 더 많은 흥미와 동기 유발을 이끌어낼 수 있다.

#### ② 조형활동

교사는 조형활동을 시작하기 전에 시청각 자료를 제공하여 유아들에게 조형활동에 대한 충분한 지식을 주는 것이 좋다. 또한 조형활동을 전개하는 과정에는 유아들의 창의적인 구성력과 조직력, 창의적인 자기표현이 나타난다는 것을 염두에 두고 유아들이 각자 창의적인 표현할 수 있도록 다양한 재료를 제공해 주어야 한다.

#### ③ 문학활동

문학활동에는 동화, 동시, 동극 등의 활동이 포함된다. 동화를 전달하는 매체에는 그림동화, 융판동화, 자석동화, 앞치마동화, 손인형 동화, OHP동화 등 다양한 매체가 있다.

교사는 유아의 발달 수준과 전달하려는 문학작품의 특성에 따라서 가장 적합한 매체를 선택해야 한다. 동시 활동을 진행할 때는 그림을 이용하여 동시의 느낌을 전달한 뒤, 동시를 감상하고, 동시의 일정한 부분을 유아의 생각으로 바꾸는 활동이나, 어떤 사물에 대한 유아의 생각을 개별적으로 적은 후 모아서 하나의 새로운 동시를 창작해 볼 수도 있다. 동극은 동화를 극으로 바꾸어서 유아들이 직접 실행해 보는 것으로 유아들이 동극으로 실행할 때 필요한 도구를 직접 제작할 수 있도록 필요한 자료를 제시할 필요가 있다.

④ 과학활동

과학활동을 통하여 유아는 자연 현상을 체험하며 과학적 탐구 방법을 학습한다. 따라서 관찰할 수 있는 사물, 자세히 살펴볼 수 있는 도구, 관찰 결과를 기록할 수 있는 필기도구 등이 필요하다. 또한 실험을 하기 위해서는 실험에 필요한 도구를 준비해야 한다. 과학활동에는 요리활동이 포함되는데, 이때 특정 요리를 하기 위한 요리 순서도와 요리 활동을 위한 적절한 도구 및 재료 등이 제공되어야 한다.

⑤ 음률활동

음률활동에는 음악활동과 동작활동이 모두 포함된다. 유아교육기관에서 집단활동으로 이루어지는 음률활동의 유형으로는 여러 소리를 제시하여 소리를 듣고 분석하거나 느낌을 표현하는 듣기활동이나 감상활동, 그림이 포함된 가사판을 활용하는 노래 배우기, 여러 악기를 탐색하고 아름다운 음을 만들어 내기 위해 적절한 악기를 사용하는 악기 다루기, 유아의 느낌을 신체적으로 표현하는 동작 활동 등을 들 수 있다. 이와 같은 활동을 위하여 다양한 소리가 녹음되어 있는 테이프와 음악 감상 테이프, 악기, 그림이 있는 가사판, 동작활동을 위한 리본 테이프나 스카프 등을 준비해 비치해야 한다.

⑥ 게임

유아들은 대·소집단으로 다양한 게임을 한다. 게임을 위한 교재·교구는 게임의 종류에 따라 다양하다. 예를 들면, 고양이 방울 가져오기'의 게임을 하기 위해서는 손수건과 방울 같은 소품이 필요하고, '빈 의자에 앉기'의 경우에는 의자가 필요하며, '도형모양 찾아서 가기'의 경우 커다란 도형 모양, '빨래 널기'의 경우 빨랫줄과 옷, 출발점 표시, 점수판 등이 필요하다. 따라서 교사는 게임활동을 할 때 적절한 교재·교구를 준비하여 유아의 수준에 알맞은 방법으로 게임을 설명하고 실시해야 한다.

### (4) 간식 및 점심

유아교육기관에서의 간식 시간과 점심시간은 유아의 건강을 유지하고 그들에게 에너지원을 제공해 주기 위하여 반드시 필요한 시간이다. 뿐만 아니라 간식 및 점심시간을 통해 유아들은 긴장을 풀고 편안한 마음으로 친구를 사귈 수 있으며, 또래와 협력하면서 사회적 능력을 향상시킬 수도 있다. 이렇게 중요한 의미를 가지고 있는 간식 및 점심시간의 원만한 운영을 위해서는 유아가 미리 하루의 식단과 간식의 종류를 알 수 있도록 간식과 점심의 식단표, 당번 표시판, 당번 옷, 간식에 필요한 그릇, 컵, 포크, 조용한 음악 등이 준비되어 있어야 한다.

### (5) 휴식 시간

유아들은 왕성하게 활동을 하고 쉽게 피로해진다. 따라서 피로와 긴장을 풀 수 있는 휴식 시간이 반드시 필요하다. 반일제 프로그램에서는 정적인 활동으로 휴식을 대신 하지만 종일제 프로그램에서는 1~2시간 정도의 낮잠 시간을 갖는다. 이때 가능하면 개인 별로 요와 베개, 이불을 사용하는 것이 좋다. 유아들의 경우 휴식이나 낮잠을 잘 때 자신만의 친구(곰인형, 담요 등)가 반드시 있어야 하는 경우도 있다. 또한 휴식 시간이 시작될 때 조용한 음악을 들려주면 유아들이 편안함을 느끼며 휴식을 취할 수 있다.

### (6) 화장실 사용하기

유아의 대・소변 훈련은 신체적 신진대사일 뿐 아니라 유아들에게 안도감을 갖게 하고 불쾌한 감정을 해소하는 심리적인 의미도 갖는다. 따라서 교사는 영아들의 대・소변 훈련이 성공적으로 이루어지고, 유아들의 경우 화장실 사용하는데 잘 적응할 수 있도록 환경을 조성해 주어야 한다. 화장실이 너무 어둡지는 않은지, 밖에서 잠기면 안에서 는 열기 어려운 문이 없는지도 주의해서 점검해 보아야 한다. 그 외에 차례를 지킬 수 있도록 표시해주기, 변기 바르게 사용하기, 바른 손 씻기 방법과 이 닦기 방법에 관한 순서도를 유아들의 눈높이에 맞는 위치에 제시해 주어야 한다.

#### (7) 정리 · 정돈

정리 · 정돈은 대부분 각 일과 활동이 끝난 부분에 혹은 자유선택활동 시간의 마지막에 이루어진다. 정리 · 정돈 시간 동안 유아들은 자신이 가지고 놀이하던 교구를 제자리에 정돈하여 다른 유아가 교구를 편리하게 사용할 수 있도록 배려한다. 유아들이 스스로 정리 · 정돈할 수 있도록 교사는 흥미영역에 준비되어 있는 교구와 똑같은 모양의 밑그림을 교구장에 붙여놓거나 교구를 정리하는 바구니나 선반에 그 물건의 사진을 붙여 놓는다.

#### (8) 전이 · 주의집중

하루 일과를 진행하면서 한 활동이 끝나고 다음활동으로 이어지는 때를 전이 시간이라고 한다. 유아들이 집단으로 모이는 데 필요한 시간동안, 혹은 다음 활동으로 넘어가기 위하여 주의집중시키는 전이 시간 동안 노래 부르기, 악기 소리 내기, 관찰력 게임(달라진 것이나 없어진 것 찾기) 등의 활동을 할 수 있는데, 이때 활동의 특성에 맞은 적절한 교구를 마련하여 활용한다.

#### (9) 하루 일과의 평가 및 귀가지도

하루의 평가는 수시로 이루어지기도 하고 하루를 마무리하면서 이루어지기도 한다. 하루를 마무리하면서 평가가 이루어질 경우 유아들은 하루 일과를 정리하고 그날에 있었던 문제에 대한 해결 방법을 생각하며 새로운 약속을 하기도 한다. 이 때 평가는 이야기 나누기 형식으로 이루어지거나 스스로 표시할 수 있도록 준비된 평가지를 사용해서 이루어지기도 한다.

### 3) 상호작용자의 역할

상호작용은 유아들 간의 관계와 더 나아가 물리적 환경, 현상들과의 서로 영향을 미치고 관계를 맺는 과정이라고 할 수 있다. 이 시기에 유아가 하는 경험의 대부분은 교사와의 상호작용을 통해 이루어진다. 교사와 유아간의 긍정적인 상호작용은 교수·학습의 질을 구성하는 핵심적인 요소가 된다. 유아는 다른 사람과의 관계를 통해서 학습하게 되므로, 교사의 상호작용 능력은 유아의 건전한 성장과 발달에 직접적인 영향을 미친다. 이는 유아의 전인적인 성장과 발달을 위해서 유아와 교사의 질 높은 상호작용이 필요하다는 것을 시사한다. 유아의 발달의 촉진시켜 주고, 지속적인 학습을 유지시켜 주는 상호작용 유형의 기본원칙을 제시하면 다음과 같다(누리과정 교사용 지침서, 2013).

① 인정하기

인정하기는 유아에게 과나심을 기울여주고, 활동을 지속할 수 있도록 긍정적인 격려나 칭찬을 해주는 것으로 교사는 유아의 생각이나 느낌, 행동을 인정해 주면 유아는 더욱 즐겁게 생활하고 활동에 참여할 수 있다. 막연하고 지나치게 칭찬하면 유아의 내적 동기를 약화시킬 수 있으므로 구체적인 사실에 근거하여 인정해 주어야 한다.

② 모범보이기

학급에서 일어나기를 바라는 경향, 태도, 가치에 대해 교사가 바람직한 모습을 보여줌으로써 유아가 적절한 행동, 즉 바르게 말하기, 정리정돈하기, 공손한 태도, 골고루 먹기 등을 교사 자신이 매일의 생활에서 실천함으로써 유아가 자연스럽게 느끼거나 받아들일 수 있도록 하는 것이다. 행동 그 자체를 모방하는 것에 초첨을 두는 것이 아니라 행동 이면의 가치, 성향, 태도를 닮아가는 것을 더 중요하게 본다.

③ 촉진하기

교사의 최소한 개입으로 유아의 학습을 용이하게 해주는 상호작용 유형으로, 유아가 고제나 문제를 보다 쉽게 해결할 수 있도록 일과 계획하기, 보조교사 함께하기, 활동 시간 조절하기 등의 방법을 의미한다. 예를 들어, 다른 친구들이 놀이하는 인접한 곳 활동에 집중하지 못할 때 교사는 다른 곳으로 자리를 옮겨 주고 유아가 하는 활동을 곁에서 지켜봐 주는 등의 행동이다.

④ 지지하기

유아의 현재능력이 어느 정도에 이르면, 다음 발달 수준으로 넘어서도록 도움을 주거나 도전해 볼 수 있는 기회를 제공하는 것으로, 교사는 유아가 어떤 단계에 있는지를 파악하고, 새로운 단계로 발전할 수 있도록 기회를 주어야 한다. 그리고 유아가 스스로 하고 싶지만 도움이 없으면 하기 어려운 활동 과제를 알아내어 도움을 주어야 한다.

⑤ 함께 구성하기

모형이나 블록을 함께 쌓아 올리는 것처럼 교사와 유아가 공동으로 문제나 과제를 함께 생각하고 조사하며, 배우고 해결해 나가는 것으로, 이때 교사와 유아는 모두 학습자인 동시에 교사가 된다. 문제나 과제를 해결해 가는 과정에서 교사가 즉시 답을 알려주기 보다는 유아와 함께 공동의 학습자가 되어 유아가 문제해결 과정을 경험해 가도록 도와야 한다.  예를 들어 집과 집을 이어주는 다리를 어떻게 만들 수 있을 지 생각해 보고 이를 함께 해결해 가는 것이다.

⑥ 시범보이기

어떤 사항을 유아에게 구체적으로 지도하기 위해 교사가 활동에 적극적으로 참여하여 보여 주는 상호작용으로, 유아는 교사가 직접 시범을 보이는 모습을 관찰할 수 있기 때문에 더욱 쉽게 특별한 기술을 습득할 수 있다. 위험한 도구를 사용하는 데 가장 안전한 방법을 보여주거나 새로운 기술을 가르칠 때 효과적인 방법이다.

⑦ 지도하기

유아가 착오 없이 학습이 이루어지도록 교사가 필요한 정보나 지식을 전달하는 과정으로, 지식과 정보를 더 많이 가진 사람이 그렇지 못한 사람에게 정보를 전달하고 말해 주는 전통적인 방법이다. 지도하기는 유아들이 스스로 문제를 발견하고 해결하는 것보다 직접적으로 그 방법을 말해 주는 것이 더 효과적일 때 사용하는 것이 바람직하다. 예를 들면, 안전과 관련된 교육내용이거나 도구 사용하는 방법이나 새로운 기술을 익히는 경우이다.

### (1) 하루일과에서의 상호작용

교육기관에서의 하루일과 속에 교사는 유아와 마음으로 대화하기 위해 먼저, 수용적인 언어와 행동으로 상호작용할 수 있는 충분한 기술을 갖추고 있어야 한다. 이러한 대화는 유아들의 바람직한 행동형성뿐만 아니라 자존감 발달에도 도움을 줄 수 있다.

유아의 자존감의 발달은 주변의 수많은 사건에 대하여 사람이 어떻게 반응하고 그 사건과 관련되어 자기 스스로를 어떻게 느끼느냐에 기초하여 형성된다고 보았다(Rogers, 1998). 개개인의 의식적인 지각은 매우 주관적이기 때문에 교사가 유아와의 관계에서 교사의 행동이나 말이 때론 그 상황에 관련된 교사 자신의 견해를 유아에게 강요하는 것으로 인식되어질 수 있다는 것이다. 교사는 어떤 상황에 대해 어떻게 생각하고 느껴야 하는지를 유아에게 말하려 하지 말고 오히려 영유아 스스로 생각하도록 허용함으로써 자신의 판단을 믿도록 도와주는 것이 필요할 때도 있다. 교사가 생활 속에서 특히, 갈등상황이나 어려운 상황이 일어날 경우, 그 해결책을 제시하기보다는 유아 스스로 행동을 변화시킬 수 있다고 믿고 수용하는 자세가 요구된다.

예) 은영 : 은정이를 보고 "난 네가 싫어!"

교사 :"은영아! 넌 은정이 좋아하잖아. 너희는 친한 친구잖아"

* **위에서의 교사의 반응은 그 시점에 은정이가 지각하는 감정을 인정하거나 수용하는 것이 아니고, 교사 자신의 관점을 은영에게 부여하고 있음.**

다음은 하루일과 속에서 수용적인 언어와 행동으로 대화하는 기술을 구체적으로 살펴본다.

### ① 효율적으로 듣고 개방적으로 반응하기

교사들이 유아의 말을 효율적으로 듣기 위해서는 그들에게 그들이 말하는 것뿐 아니라 말하지 않는 내면의 감정을 이해하고 있다는 것을 알게 하는 반영적 청취(reflective listening)가 필요하다.

> "나는 다시는 그 애와 놀지 않을 거야"라고 하였을 때 "너는 그 애에게 정말 화가 나 있구나"라고 하여 유아 스스로 문제와 그에 대한 감정을 분명하게 하도록 돕는 피드백을 주는 것이다.

위의 사례처럼 반영적인 청취를 위해서는 교사들의 폐쇄적인 반응보다는 개방적인 반응이 필요하다. 개방적인 반응은 유아가 표현하려는 의도나 감정에 민감하거나 비판적이지 않게 반응을 하는 것으로 유아에게 그들의 말을 진정으로 듣고 있음을 느끼게 하고 계속 이야기할 수 있도록 격려하는 반응이라고 할 수 있다.

> **개방적인 반응**
>
> 유아 1 : 아무도 나랑 놀지 않아요.
> 교　사 : 아무도 너랑 놀려고 하지 않아 속상한 것 같구나.
>
> 유아 2 : 난 그것 못해요.
> 교　사 : 그것이 정말 어려운가 보구나.
>
> 유아 3 : 선생님이 이 세상에서 제일 미워.
> 교　사 : 네가 나에게 화가 많이 났구나.

② 유아에게 자신의 생각과 감정을 전달하고 긍정적인 행동을 위한 지도

문제가 누구에게 있으며, 그 문제에 대해 어떻게 생각하고 느끼는지를 유아에게 전달하고, 긍정적인 행동을 돕는 단계이다. 문제의 소유가 누구에게 있는지를 인식하는 것과 그에 대한 나 자신의 감정, 의미, 의도 등을 전달하기 위해 나-전달법을 사용할 수 있다. 다음으로 긍정적인 행동지도를 위해 단순히 유아에게 긍정적인 행동을 지시하거나 충고하는 것을 의미하는 것은 아니다. 이를테면 "이것을 하는 것이 어떻겠니?"와 같은 제시는 궁극적으로 스스로 긍정적인 행동할 수 있도록 돕는 것이 아니라 오히려 교사에게 의존적이게 하거나 거부의 반응을 초래할 수 있다. 또한 만약 교사의 지시나 충고의 결과가 잘못되었을 경우, 그에 대한 책임도 지지 않게 되므로 부적절하다. 다음은 긍정적인 행동을 돕는 지도 과정을 소개한다.

예1) 유아의 감정을 이해하고 분명히 하기 위해 반영적 청취를 하는 것이다.
; ...에 화가 난 것 같구나, ...느끼는 것 같구나 등
예2) 유아로부터 바람직한 행동들을 탐색하게 하는 것이다.
; ...에 대해 네가 무엇을 할 수 있는지 찾아보자, 만약 ...가 안된다면 네가 무엇을 할 수 있을까?
예3) 유아가 스스로 해결책을 선택하도록 돕는 것이다.
; 네가 생각하기에 어떤 것이 가장 좋다고 생각하니?
예4) 결정한 것 중 가능한 결과를 안내하는 것이다.
; 만약 네가 그렇게 한다면 어떤 일이 일어날까?
예5) 언질이나 확약을 받는 것이다.
; 네가 무엇을 할지 결정했니?, 언제 그것을 할거니?

### (2) 놀이활동에서의 상호작용

교사는 먼저 다음과 같은 상황에서 교사는 유아와 대화를 어떻게 진행되어야 할 것인지 고민을 해야 할 것이다.

- 유아들이 자신이나 타인에게 해를 가하고 자료를 잘못 사용하고나 규칙을 위반했을 때

- 유아 혼자 고립되어져 있거나 사회적 위기에 있다고 판단되어질 때
- 유아가 교사 개입을 요구할 때
- 관찰 한 후 유아의 놀이 활동에 대한 반응으로서 교사가 놀이를 확장시키고자 할 때

다음은 효율적인 놀이 활동의 대화 기술을 살펴본다.

- 교사는 모든 유아를 깊이 관찰하여 교실에서 활동에 효율적으로 참여하지 못하는 유아의 떠도는 행동, 방관자 행동, 거친 행동 등에는 직접적인 명령에 의한 지시를 동반한 대화를 통하여 활동의 방향을 제시하거나 직접 활동의 동반자로 참여한다.
- 활동영역에서 진행되는 상호적인 활동에는 교사의 계속적인 관찰이 필요하며 활동과정과 결과에 대하여 칭찬과 격려를 하여 유아가 활동을 깊이 탐색하도록 한다.
- 교사는 유아의 활동에 자발적인 주도성을 격려하기 위하여 조작 및 미술 영역의 구성놀이 혹은 결과 중심의 활동에 대하여 교사의 상호작용을 최소화한다.
- 교사의 질문이 유아들에게 있어 무의미하게 끝날지도 모르는 활동을 교육적 의미 있는 활동으로 유도하기 위해 활용할 수 있는 기본 모형을 제시한다.

**적극적 관찰— 비지시적 진술— 발문 —지시적 진술 — 모델화— 중재**

각 단계마다 활동 지도를 시행한 후에는 다시 처음단계인 적극적인 관찰 단계로 되돌아와야 한다. 만약 교사의 상호작용으로 인해 유아가 활동을 성공적으로 하고 있다면 중재활동을 멈출 수 있다.

〈놀이상황의 예〉 물놀이영역에서 한유아가 점토로 물놀이를 하고 있는 경우이다.

- 유아 행동 : 유아는 공만한 점토를 올리며 그 점토를 물에 뜨게 하려고 계속 해서 2~3번 그 행동을 반복한다.
- 교사 행동 : 적극적 관찰을 한다. 뜨고 가라앉는 것의 문제를 해결하려는 유아를 계속 관찰한다.
- 유아 행동 : 유아는 점토덩어리를 물속에 집어 던짐으로써 문제 해결이 안 된 것으로 인한 좌절감을 표출하고 이어서 물놀이 책상을 떠나려고 한다.
- 교사 행동 : 비지시적 진술을 한다.
- 교사 행동 : 발문
  - 평가적 질문
    교사 : 물속에 나무 블록을 넣었을 때 무슨 일이 일어날까?
    유아 : 올라와요
    교사 : 맞았어, 떠 있을 거야
  - 발산적 발문
    교사 : 내가 병 뚜껑을 뜨게 했던 것처럼 점토를 병 뚜껑 모양처럼 만들 수 있겠니?
  - 수렴적 발문
    교사 : 프라스틱 접시받침도 병 뚜껑처럼 뜰까?

- 교사 행동 : 유아가 문제 해결을 하지 못하는 것을 관찰하면 다음 단계인 지시적 진술 단계로 들어간다. "점토를 집어 올려 보아라", "그 점토로 뜨게 할 수 있는 모양이 어떤 것이 있는지 알기 위해 점토로 여러 가지 모양을 만들어 보아라" 유아가 문제를 해결하려는 욕구가 있을 때 최대의 효과를 나타낼 수 있다.
- 교사 행동 : 시범화, 교사는 활동도구와 자료의 사용법을 실제로 보여주어야 할 때가 있다.
- 교사 행동 : 물리적 상호작용, 물리적으로 새롭고 흥미있는 환경을 구성, 새로운 자료 첨가, 유아의 활동을 촉진시킨다.

### (3) 대집단 활동에서의 상호작용

① 대집단활동에서 활용 할 수 있는 6가지 발문의 수준

- 지식 : 학습자가 정보를 생각해 내거나 회상해 내도록 하는 수준의 발문

  예) 색깔 찾기 놀이를 할 때 너희들은 어떤 색을 찾아보았니?
  어떤 장면이 재미있었니?
  너희들은 어떨 때 기분이 좋으니?

- 이해 : 학습자가 이해한 바를 설명하도록 하는 수준의 질문

  예) 너희는 슬픈 게 어떤 거라고 생각하니?
  이것이 그림편지라면 어떤 이야기를 하고 있는 것 같니?

- 적용 : 유아들이 문제와 관련된 법칙과정을 이미 알고 있는 정보를 응용하여 답을 말해보도록 하는 수준의 질문

  예) 그림을 그릴 때 이것 말고 사용할 수 있는 것이 무엇이 있을까?
  여기 이 물건과 쓰임이 비슷한 것을 우리 주변에서 찾아보면 무엇이 있을까?

- 분석 : 어떠한 것의 동기, 이유, 원인과 이유를 밝혀 보도록 하는 수준의 질문

  예) 왜 화가들마다 나무를 다르게 그렸을까?
  글자도 있는데 왜 그림을 그려서 이 곳을 알리는 걸까?

- 종합 : 독창적이고 창의적인 사고랄 것을 요구하는 것으로 다양하면서 창의적인 답을 말해보도록 하는 수준의 질문

  예) 코끼리가 무지개를 그린 다음 어떤 일이 일어났을까?
  이 놀이를 재미있게 하기 위해서 어떤 약속이 더 필요한지 않은지 생각해 볼까?

- 평가 : 다양한 아이디어, 문제해결, 심미적 측면들을 고려하여 자신의 의견을 말해보도록 하는 수준의 질문

  예) 이 중에서 어떤 제목이 가장 어울리는 것 같니?
  너희가 말해준 표현 중에서 가장 멋지다고 생각하는 것은 무엇이니?

② 문제해결 관련활동에서의 상호작용

| 상호작용기술 | 교사의 언어 |
| --- | --- |
| 대안 제시하기<br>(다른 방법이나 관점을 찾아보게 하는 것) | • 강 건널 때 배타고 가는 것 외의 다른 방법은 없을까?<br>• 높은 밤나무에 밤이 달려있으면 밤을 어떻게 따지?<br>• 외출하려는데 비는 오고 우산이 없으면 어떻게 하지?<br>• 젓가락이 없으면 라면을 무엇으로 먹을까? |
| 창의적 사고 끌어내기<br>(새로운 생각이나 의견을 끌어내는 것) | • 이번에는 어떤 모양으로 하면 좋을까?<br>• 넌 무얼 생각하니?<br>• 친구들과 바깥놀이를 하려고 하는데 어떤 놀이를 하면 좋을까? |
| 문제 해결하기<br>(문제해결을 위한 사고를 촉진하는 것) | • 이 중에 가장 가벼운 것을 찾는 방법은 무엇일까?<br>• 만약 전기가 없다면 시원한 바람은 어디서 구할까?<br>• 공간이 좁은데 커다란 블록을 어디에 놓으면 좋겠니?<br>• 우리가 만든 로켓의 이름으로 어떤 이름이 좋을까? |
| 평가하기<br>(옳고 그름이나, 적합/부적합에 대해 평가하는 것) | • 우리 반 친구들이 정한 규칙에 대해 이야기해 보자.<br>• 산책을 가려는데 먼저 나가려고 친구를 밀면서 뛰어가는 친구에 대해 어떻게 생각하겠니?<br>• 오늘 새 놀잇감은 어땠니? |

③ 탐구적 태도를 격려하는 상호작용

| 상호작용기술 | 교사의 언어 |
| --- | --- |
| 관심갖기<br>(신경 또는 주의를 기울이도록 하는 것) | • 벽에는 무엇이 있을까?<br>• 여기는 어떤 놀이를 하는 곳일까?<br>• 우리 교실에 무엇이 있는지 다녀볼까?<br>• 창 밖에는 어떤 것이 보이나요? |
| 과정 즐기기<br>(진행 중인 경로를 즐기는 것) | • 미래는 그림 그리기를 좋아하는구나?<br>• 지금 하고 있는 병원놀이가 재미있니?<br>• 네가 쌓고 있는 멋진 건물이름을 말해줄래?<br>• 점토놀이가 즐거운 모양이구나?<br>• 오늘 점심을 맛있게 먹고 있네. |
| 확장하기<br>(사고의 범위 등을 늘리기 위해 다른 방법으로 유도하는 것) | • 그 일이 왜 일어났는지 좀 더 말해줄래?<br>• 너의 생각이 이것 말고 또 있니?<br>• 내일은 어떻게 하고 싶니?<br>• 원숭이가 좋아하는 과일을 말해보자.<br>• 파랑물감으로 조금 더 칠해보면 어떻겠니? |

| 상호작용기술 | 교사의 언어 |
|---|---|
| 정보 제공하기 (어떤 상황에 대한 새로운 소식이나 자료, 힌트를 주는 것) | • 물고기 그림이 필요하면 도서영역에서 찾아보자.<br>• 구름을 표현하고 싶은데 어려우면 하늘을 볼까?<br>• 내일 날씨가 궁금하면 일기예보를 찾아볼까?<br>• 사과 한 개의 무게를 알고 싶으면 저울로 달아보자.<br>• 쓰레기 분리를 잘 모르면 분리수거장에 가보자. |

④ 논리 · 수학적 지식활동을 위한 유아와 언어로 상호작용

| 상호작용기술 | 교사의 언어 |
|---|---|
| 비교하기 (유사점과 차이점을 비교해 보는 것) | • 낮에 불을 켰을 때와 껐을 때, 언제가 더 밝으니?<br>• 버스와 기차 중 어느 쪽이 더 빠르니?<br>• 이것들이 어떻게 똑같니? (어떻게 다르니?)<br>• 연필과 크레파스 중 어느 것이 더 길까? (더 짧을까?) |
| 지식 적용하기 (이미 알고 있는 지식으로 대답을 요하는 것) | • 점심시간에 먹었던 밥에는 하얀 쌀밥과 검은 알맹이가 있었는데 검은 알맹이는 뭘까?<br>• 이가 아프면 치과에 가는데 눈이 아프면 어느 병원으로 갈까? |
| 재경험하기 (과거의 경험을 회상시키는 것) | • 다시 보여줄 수 있니?<br>• 너의 방법이 좋은 것 같은데 친구에게 보여줄래?<br>• 어제 했던 놀이를 다시 해볼까?<br>• 어떤 놀이가 좋았는지 이야기 나눠 보자. |
| 변형하기 (사물의 성질변화에 관한 것) | • 얼음이 녹으면 어떻게 될까?<br>• 눈사람에 해가 비치면 어떻게 될까?<br>• 젖은 옷을 햇볕에 걸어두면 어떻게 될까?<br>• 물을 계속 끓이면 어떻게 될까? |

### 4) 유아생활(문제행동) 지도

유아기는 아직 사고의 논리성이나 객관성이 부족하고 언어적 표현력도 완전하지 못한 시기여서 유아들의 언어에는 자기중심적인 경향과 환상적이며 가공적인 면이 많이 내재되어 있다. 이러한 유아를 대상으로 언어를 통해 그들의 사회적 문제를 이해하고 해결한다는 것은 결코 쉬운 일이 아니다. 교사의 입장에서 유아가 논리적으로 사고할 것을 강요하지 말고, 진정으로 유아를 이해하려는 마음

가짐으로 주의 깊게 유아의 이야기에 경청하고 대화를 나눈다면 유아와 소통하는 방법을 찾게 되고 이어서 그들이 가진 문제들을 해결해 나갈 수 있는 출발점이다.

### (1) 문제행동 지도원리

유아의 바람직하지 않는 행동을 지도하고 문제 상황에서 적절히 개입하는 것은 유아의 자존감과 문제해결 능력을 길러 주는 필수적 요소이다. 특히, 긍정적인 방법으로 지도하는 것은 무엇보다 중요하다. 이를 위해 교사가 주지해야 할 몇 가지 지침을 소개한다.

- 유아의 바람직하지 않는 행동을 지도할 때 벌을 세우거나 위협하는 말, 비난하는 말을 사용하지 않는다. 이러한 방법은 장기적으로 유아가 바람직한 행동을 습득하는 데 도움이 되지 않을뿐더러 유아의 자존감에도 부정적인 영향을 주게 된다.
- 일과 중에 문제 상황이 생기면 그때마다 바람직한 행동을 지도하는 기회로 활용한다. 유아들과 함께 간단한 규칙을 정하는 것이 좋을 수 있다.
- 유아 간의 다툼과 문제 상황에 적절히 개입해서 유아가 스스로 해결할 수 있도록 도와준다. 교사가 다툼이나 문제 상황이 있을 때 무관심하게 모른척하거나 교사가 직접 문제를 해결하게 되면 유아 스스로 문제를 해결하는 기술과 다른 사람의 느낌을 생각해 볼 수 있는 기회를 놓치게 된다.
- 갈등상황에서 울음으로 교사에게 의존해서 도움을 요구하거나 이르는 경우, 유아 스스로 이야기해서 문제를 해결해 볼 수 있도록 격려해준다.
- 유아들 간의 다툼이 있을 때는 신체적 다툼이 일어나기 전에 충돌을 예방하고 다른 놀이로 전환시켜 준다.

참고) **유아들과 갈등상황에 개입하는 방법**

- 즉시 교사가 개입하는 경우
  - 행동이 너무 공격적이거나 통제가 불가능할 때
  - 유아가 물거나 때릴 때, 머리를 잡아당기거나 물건을 던질 때

- 유아가 울거나 비명을 지를 때
- 유아들이 중도에 그만두지 않고 끝까지 싸움을 벌일 때

▪ 개입방법

- 먼저 교사의 감정이 안정되어 있는지 확인한다.
- 만약, 두 명 이상 다투고 있다면, 가정 격렬히 다투는 유아를 조용한 곳으로 데려가 이야기하도록 한다.
- 유아들이 너무 화가 나서 말을 하지 않거나 들으려고 하지 않을 경우, 마음이 가라앉을 때까지 옆에서 기다려준다. 울 경우 울음이 그칠 때까지 기다려 준다.
- 유아가 교사의 침착한 눈을 보고 교사가 화가 나지 않았으며 자기를 도우려는 것을 알게 되면, 교사는 갈등전이 기술을 사용한다.

▪ 갈등전이 기술

- 유아가 스스로 갈등 상황에 대해여 말하도록 돕는다.
- 꾸짖지 않고 유아의 말을 수용한다.
- 갈등 상대에 대한 감정이입을 조성하여 준다.
- 갈등 상대와의 화해방법을 모색하도록 한다.

### (2) 생활지도의 실제

#### ① 집단 규칙을 어기거나 모르는 경우

전조작기에 속하는 유아들은 행동 발생의 원인과 결과를 생각해서 규칙을 따르기 보다는 성인을 기쁘게 하거나 꾸중을 피하기 위해서 등의 피상적인 이유로 규칙을 따르게 된다. 따라서 교사는 이 시기 유아들에게 규칙에 필요한 이유와 지켜 나가는 과정에서 유아들을 같이 참여시켜 유아들과 수행할 수 있는 규칙들을 함께 만들면서 지키도록 이끄는 것이 필요하다. 다음은 집단 규칙의 지도방법이다.

- 1단계 : 집단 규칙의 필요성 이야기하기
  교사는 유아들과 함께 규칙이 필요한 이유에 대해서 이야기나누기를 통해 유아들이 규칙이 필요한 이유를 인식할 수 있도록 해야 한다.
- 2단계 : 집단 규칙 만들기
  집단 규칙을 일방적으로 제시하기보다는 유아들과 함께 유치원에서 지켜야 할 규칙들을 같이 정하게 한다. 이때 교사는 유아들이 모두 지킬 수 있는 적절한 규칙을 만들 수 있도록 도와야 한다.
- 3단계 : 집단 규칙의 실행
  일단 규칙이 만들어졌다면 교사는 먼저 모델을 보이면서 유아들이 조금씩 생활 속에서 집단 규칙을 지켜 나갈 수 있도록 이끌어야 한다.

### ② 친사회적 행동이 필요한 경우

저출산으로 가정마다 자녀의 수의 감소로 참고 양보하고 도와주는 친사회적 행동 경험의 기회가 부족하다. 교육기관에서 이러한 친사회적 행동에 대한 지도가 절실히 필요하게 되는데 친사회적 지도 원칙을 소개하면 다음과 같다.

- 친사회적인 물리적 환경 만들기 : 유아들이 자율적으로 행동할 수 있고 활동에 몰입할 수 있는 환경을 구성한다.
- 긍정적인 개입 : 교사는 부정적인 말이나 행동보다는 유아의 부정적인 정서를 수용하여 유아가 자신의 느낌을 말로 표현하도록 도와주어야 한다. 혹, 유아가 타인에게 방해가 되는 행동을 하고 있다면 지적하기보다는 다른 활동으로 전환할 수 있도록 이끌어 주어야 한다.

### ③ 공격적인 행동(물고 때리기, 물건 집어던지기)을 하는 경우

유아들은 자신의 욕구가 충족되지 않을 경우 순간적으로 분노를 느끼면 이를 때리거나 물건 집어던지기와 같은 공격적인 행동을 나타낼 수 있다. 언어적 발달이 늦을수록 부적응 행동이 더 많이 발견된다는 연구들을 볼 때, 유아기 행동이 언어발달과 관련지어 볼 수도 있을 것이다. 또한, 때리기와 같은 행동은 선천적으로 타고난 에너지 양이 많아 자꾸 자극을 찾아다니는 것에 연유할 수 있다. 이러한 유아의 공격성은 여아에 비해 남아에게 더 자주 관찰된다. 공격적 행동에 대한 지도방법을 소개하면 다음 같다.

- 1단계 : 공격적인 행동의 부당함을 이해하기
  유아들과 동화나 실제 문제 상황 등을 통해 자신의 화를 표현하고 상황을 바꾸는 데 있어서 공격적인 행동은 적절하지 못함을 같이 인식할 수 있도록 해야 한다.
- 2단계 : 공격을 하는 유아에게 화가 나는 상황을 조절하도록 돕기
  유아들은 자신의 분노나 좌절을 사회적으로 인정되는 적절한 방법으로 해소하는 방법을 모르기 때문에 공격적인 행동을 하게 되는 경우가 대부분이다. 따라서 교사는 유아가 자신의 화를 상대방에게 언어적으로 표현하는 등의 방법을 지도하여야 한다.
- 3단계 : 공격을 당하는 유아에게 방어하도록 돕기
  실제 공격적인 행동이 발생하는 상황에서 공격을 당하는 유아가 자신의 감정을 말로 표현하고 자신의 권리를 주장할 수 있도록 도와주어야 한다.
  참고) 공격적 행동이 타고난 높은 에너지 수준에 기인 한 것일 수도 있으므로 교사는 신문지 찢기, 활발한 신체활동 등의 대안적 활동을 제안함으로써 에너지를 발산할 수 있도록 지도해야 한다.

### ④ 늘 혼자 노는 경우

유아기의 또래 간 긍정적인 상호관계 형성은 이후의 사회성 발달에 영향을 미치므로 고사는 유아가 친구들과 잘 어울려 놀 수 있도록 관심을 가지고 지도하는 자세가 필요하다. 유아의 고립 행동은 유아의 기질이나 성격이 너무 상대적이거나 또래와의 놀이 경험이 부족한 경우, 사회적인 기술의 부족으로 나타날 수 있다. 혼자 노는 행동에 대한 지도방법을 소개하면 다음과 같다.

- 1단계 : 친구와의 상호작용의 기회를 제공

  교사는 또래들과 재미있게 상호작용할 수 있는 다양한 놀이 경험을 제공하여 유아가 자연스럽게 또래들과 어울릴 수 있도록 이끌어야 한다.

- 2단계 : 자신감 증진

  유아의 장점을 다른 유아들에게 알려 주어 유아가 자신감을 가지고 다른 친구들과 어울려 놀 수 있도록 칭찬과 격려를 제공해야 한다.

### ⑤ 거짓말을 자주 하는 경우

유아들은 현실과 상상을 구별하지 못하거나, 주목을 끌기 위해서 또는 체벌받을 것이라는 두려움 등으로 인해 종종 거짓말을 한다. 이러한 거짓말은 이 시기의 정상적인 발달 과정에 나타나는 현상이다. 그러나 이러한 거짓말이 반복될 경우에는 그 원인을 파악하여 습관화가 되지 않도록 적절한 지도가 필요하다. 거짓말에 대한 지도방법을 소개하면 다음과 같다.

- 1단계 : 무시하기

  교사는 유아의 상상에 의하거나 재미삼아 하는 거짓말, 관심을 끌기 위한 거짓말 등에는 반응하기 보다는 가볍게 못 들은 척 넘어가는 것이 필요하다.

- 2단계 : 올바르지 않음을 인식시키기

  교사는 거짓말에 관한 동화를 들려주거나 이야기나누기를 통해 거짓말은 옳지 않은 행동임을 유아들에게 이해시키도록 노력해야 한다.

- 3단계 : 실수를 수용하고 정직한 행동을 격려하기

  유아가 실수를 했을 경우에는 야단치기보다는 그 의도를 이해하고 수용하여 주고, 유아가 정직하게 말한 경우에는 칭찬으로 격려해 주는 분위기를 만들어 가야 한다.

### ⑥ 욕을 자주 하는 경우

유아가 성장하면서 언어적 사용능력이 발달하게 되면 서서히 또래와 사귀면서 욕을 하게 된다. 화가 나거나 좌절감을 느낄 때, 긴장을 풀기 위해 충동적으로 욕하는 경우가 있다. 이 시기의 욕을 나쁜 행위라기보다는 새로운 언어로 생각하여 사용하는 경향이 있다. 교사는 욕을 한다고 해서 야단을 치기보다는 유아가 자신의 감정을 타인이 인정할 수 있는 말로 표현할 수 있도록 지도한다. 욕하는 유아에 대한 지도를 소개하면 다음과 같다.

- 1단계 : 무시하기

  우선, 욕하는 행동이 어떤 상황에서 일어나는지 관찰한다. 유아가 화가 났거나 좌절했을 때 욕하는 행동을 보인다면 유아가 욕구 좌절을 적절한 방식으로 표현할 수 있도록 도와주지만, 관심을 끌기 위한 목적으로 욕하는 행동을 보인다면 철저히 무시하는 것이 좋다. 유아가 욕을 할 때, "그러면 안 돼"라고 반응하는 것이 오히려 유아는 자신에게 관심을 가져주는 것으로 판단하여 이러한 행동을 더 강화시킬 수 있다.
- 2단계 : 욕하는 행동이 바르지 못함을 이해시키기

  유아에게 욕하기는 욕을 하는 사람이나 듣는 사람 모두에게 좋은 영향을 미치지 못함을 이야기하거나 욕하는 행동에 대해 선생님이나 부모님이 걱정하고 있음을 표현한다.
- 3단계 : 감정을 나타내는 표현법을 찾아보기

  유아들은 또래 간의 다툼의 과정에서 화가 많이 났을 때에 자신의 감정을 표현할 능력이 부족하여 욕을 하면서 분노의 감정을 표출하는 경우가 많다. 이럴 경우에는 자신의 기분을 표현할 수 있는 다른 표현법들을 같이 사용할 수 있도록 교사는 도와주어야 한다. 그리고 유아가 고운 말을 사용하면 더 많이 칭찬해준다.

### ⑦ 고자질을 자주하는 경우

유아들은 다른 유아들보다 자신의 우세함을 나타내거나 교사의 관심을 불러일으켜 자신에게 주의집중을 하게 하려는 등의 이유로 고자질을 많이 하게 된다. 흔히 남아보다는 여아들이 경쟁과 주의집중을 위해 고자질을 많이 하는 경향이 있다. 이러한 고자질 행동을 지도하는 방법은 다음과 같다.

- 1단계 : 성인의 관심 끌기 원하는 경우 - 충분한 경청과 관심 보이기
  고자질 행동이 교사의 관심을 끌기 위한 것이라면 평소 유아의 말에 좀 더 경청하고 관심을 보여 유아가 자신에 대한 존중감을 가질 수 있도록 한다.
- 2단계 : 또래 간 경쟁의 상황에서 우월감을 나타내기 위한 경우 - 상황을 통제하고 고자질하는 행동은 무시하기
  교사는 유아가 고자질할 경우는 그 행동이 유발된 환경을 자세히 관찰하여 바람직하지 못한 경쟁 상황이 우발된 것이라면 그 원인을 파악하여 상황을 변화시켜야 한다. 그리고 계속적으로 고자질을 하는 유아에게는 반응을 보이지 않음을 통해 유아가 자신의 고자질 행동이 교사에게는 아무런 관심이나 반응을 가져올 수 없다는 것을 인식시키도록 해야 한다.
- 3단계 : 습관적으로 고자질 하는 경우 - 상대방의 마음을 이해하기
  유아가 습관적으로 고자질을 한다면 교사는 상대방 유아의 마음은 어떠할까에 대한 이야기를 통해 유아의 고자질이 옳지 못한 행동임을 인식하도록 해야 한다.

CHAPTER

# 04

# 수업안 작성의 실제

1. 수업안 작성의 기초
2. 수업안의 작성의 실제
3. 수업의 전략

수업의 목적은 유아가 스스로 의미 있는 경험을 했다고 인식하는 데서 찾을 수 있다. 유아가 호기심과 기대를 갖고 온 마음을 다해 교육활동에 참여 할 때 '유의미한 수업'이 이루어진다. 수업에서 필요한 기초 정보로써 실습생이 알아 두어야 할 것들을 살펴보면 다음과 같다.

## 1 수업안 작성의 기초

### 1) 수업계획에 필요한 기초적인 정보 살펴보기

#### (1) 어떤 사회문화적 환경 내의 유아가 살고 있는지?

교육활동의 주체이며 대상이기도 한 유아는 교육과정의 방향을 결정하는데 그 중심적인 역할을 한다. 유아는 개체적인 존재이기는 하지만, 항상 사회문화적인 환경 내에서 생활하여 성장하고 있다. 사회 문화적 환경에 잘 적응하는 일은 유아 삶의 목표이며 또한 교육의 과제이기도 하다 따라서 유아가 어떤 사회와 문화에서 생활하느냐에 따라 교육적인 요구는 달라진다.

#### (2) 유아들이 수업활동 속에 배우게 되는 학문적 지식은 무엇인지?

유아가 생활하는 중에 경험하는 세계는 다양하다. 이러한 일상생활에서 제기되는 다양한 물음에 대하여 해답을 탐구하는 것이 곧 학문이라고 할 수 있다. 각 학문적 지식을 자연과학, 사회과학, 인문과학의 큰 학문적 지식 체계를 형성하고 있다. 각 학문적 지식 체계는 관련된 분야마다 구체적인 지식과 기술, 태도로 구성되어 있으며 이러한 학문의 체계들이 상급학교인 초등학교와의 연계가 어떻게 이루어지는가를 알아야 한다.

#### (3) 유아들은 어느 정도의 발달을 보이고 있는지?

실습교사는 유아에게 유용한 학문적 지식을 구체적 경험 활동으로 변형시키는데 유아 발달에 관한 지식이 필요하다. 유아가 또래들에게 보이는 발달 특성을 얼마나 갖고 있고, 그러면서도 또래들과 어떤 점에서 개인적으로 차이가 나는지 등을 안다는 것은 실습교사가 수업활동을 결정하는데 중요한 요소가 된다.

#### (4) 발달을 활동으로 어떻게 연결될 수 있는지?

발달과 활동(학습)의 연속체 개념은 인간이 생애에 걸쳐 변화해가는 발달과 학습의 역동성을 나타낸다. 표준화된 발달 목록이 연령에 따른 유아의 능력을 비교해 볼 수 있는 틀을 제공하기는 하지만 정상적인 범위 내에서도 유아간의 개인차는 매우 클 수 있다. 또한 각 유아는 성숙과 경험의 상호작용에 의해 발달과 활동(학습)에 있어 독특한 연속체를 보여줄 수도 있다. 이러한 정보는 유아 관찰하고 유아와 상호작용을 하는 과정에서 얻어질 수 있을 것이다.

### 2) 수업안 작성의 기본 원칙 점검하기

#### (1) 통합하기

통합성의 원칙은 다양한 경험들을 시간적 · 공간적으로 그리고 교육내용 영역에 있어서 상호 관련시키고 의미 있게 모아서 전체로서의 활동이 이루어지고 나아가 유아에게 가치로운 변화가 이루어지도록 하는 것을 말한다. 누리과정의 만 3, 4, 5세 유아들에게 필요한 기본 능력과 소양을 기를 수 있는 내용을 선별하여 신체운동 · 건강, 의사소통, 사회관계, 예술경험, 자연탐구 5개 영역별 세부 내용을 통합하여 활동하도록 하는 것이 그 예로 들 수 있다.

#### (2) 계열화하기

계열성의 원칙은 교육내용을 조직할 때 어느 것을 먼저 경험하고 어느 것을 나중에 경험해야 하는가를 순서짓는 것을 말한다.

#### (3) 다양성 추구하기

다양성의 원칙은 일상생활에서 경험하게 되는 모든 대상, 즉 사물이나 현상들이 갖는 개별적인 독특성을 인정하고 그들 간의 구별되고 차이나는 점들을 존중하는 것을 말한다.

#### (4) 융통성과 창의성 발휘하기

융통성의 원칙은 학습자인 유아가 호기심과 관심을 가지고 활동을 경험할 때 고정적인 사고방식이나 시각 자체를 변환시켜 다양한 해결책을 찾아낼 수 있는 기회를 제공하는 것을 말한다. 실제로 유아 주변의 사회문화적 환경은 날마다 변화가 일어나고 있으며, 예측할 수 없는 사태에 언제나 대비하고 있어야 한다. 융통성에는 변화와 전환의 의미가 내포되어 있는 것으로 창의적 문제 해결이라고 할 수 있다.

## 2 수업안 작성의 실제

### 1) 생활주제 선정하기

수업안 작성의 시작은 주제선정이다. 주제는 유아들의 일상생활 경험, 흥미로운 사실, 문제 상황, 우연한 사건 등에서 떠오르기 쉽다. 유아들이 경험하는 사건과 상황들 중 특히, 의미 있게 다가오는 주제거리는 유아의 발달에 적합하고 친숙하거나 호기심을 유발하며, 문제를 해결하고 싶은 동기를 유발하는 것이다. 따라서 생활주제는 유아들에게 발현되고, 여러 개의 생활주제가 동시에 떠오를 때에는 토의하고 합의하는 과정을 거쳐 선정하는 것이 좋다.

주제선정 시 고려해야 할 사항을 구체적으로 살펴보면 다음과 같다.

- 유아교육기관의 교육철학 및 목적과 연관된 주제인가?
- 유아의 연령에 적합하며, 흥미 있어 하는 주제인가?

- 유아에게 가치 있고 의미 있는 주제인가?
- 유아가 직접적으로 관찰하고 조사할 수 있는 주제인가?
- 유아의 이전 경험과 연관되어질 수 있는 주제인가?
- 표상방법이 다양한 주제인가?
- 부모와 지역자원 활용이 용이한 주제인가?

## 2) 생활주제 수업안 작성하기

수업계획은 연간 주제계획, 월간 주제계획이 세우고, 주간 주제계획과 일일 교육계획 계획이 작성되게 된다. 구체적인 수업안 작성 과정을 살펴보면 다음과 같다.

### (1) 연 · 월간 수업안

주제전개과정에서 1년에 걸쳐 어떻게 전개되는지 한 눈에 알 수 있는 연간 주제계획안이다. 이러한 연간 주제계획안을 계획할 때에는 유아의 적응기간, 계절, 행사 등을 고려하고 교육과정 내용을 유아들에게 전달 할 수 있는 주제와 소주제를 정하여 활동을 선정하여 주제와 관련하여 견학, 부모참여 등의 특별활동을 연계성 있게 계획될 수 있도록 고려되어야 한다. 연간 주제계획을 수립하면 1년 동안 배워야 할 교육내용의 흐름을 쉽게 알 수 있고 부족한 내용을 보완하여 효과적인 교육과정을 운영할 수 있다. 연간 주제계획에 의해 월간 주제계획안이 작성되고, 월간 교육계획안에 기초하여 주간 주제계획안을 작성하여 교육활동에 필요한 준비를 할 수 있게 된다. 그러므로 주제계획안은 연간, 월간, 주간, 일일계획의 순으로 계열성과 연계성이 유지되도록 작성한다.

〈표 4-1〉 3-5세 연령별 누리과정에 기초한 연 · 월 수업안 예시

| 생활주제 | 3세 주제 | 4세 주제 | 5세 주제 |
|---|---|---|---|
| 유치원과 친구 | 유치원의 환경<br>유치원에서의 하루<br>유치원에서 만난 친구<br>함께 놀이하는 유치원 | 유치원의 환경<br>유치원에서의 하루<br>유치원에서 만난 친구<br>함께 만드는 유치원 | 유치원의 환경<br>유치원에서의 하루<br>유치원에서의 친구<br>함께 놀이하는 유치원 |
| 나와 가족 | 나의 몸과 마음<br>소중한 나<br>소중한 가족<br>행복한 우리집 | 나의 몸과 마음<br>소중한 나<br>소중한 가족<br>가족의 생활과 문화 | 나의 몸과 마음<br>소중한 나<br>소중한 가족<br>가족의 생활과 문화 |
| 우리 동네 | 우리 동네 모습<br>우리 동네 생활<br>우리 동네 사람들 | 우리 동네 모습<br>우리 동네 생활<br>우리 동네 사람들<br>우리 동네 전통과 문화 | 우리 동네 모습<br>우리 동네 생활<br>우리 동네 사람들<br>우리 동네 전통과 문화 |
| 동식물과 자연 | 궁금한 동식물<br>동물과 우리 생활<br>식물과 우리 생활<br>자연과 더불어 사는 우리 | 궁금한 동식물<br>동물과 우리 생활<br>식물과 우리 생활<br>자연과 더불어 사는 우리 | 궁금한 동식물<br>동물과 우리 생활<br>식물과 우리 생활<br>자연과 더불어 사는 우리 |
| 건강과 안전 | 즐거운 운동과 휴식<br>깨끗한 나와 환경<br>맛있는 음식과 영양<br>안전한 놀이와 생활 | 즐거운 운동과 휴식<br>깨끗한 나와 환경<br>맛있는 음식과 영양<br>안전한 놀이 | 즐거운 운동과 휴식<br>깨끗한 나<br>맛있는 음식과 영양<br>안전한 놀이 |
| 생활도구 | 다양한 생활도구<br>생활도구를 움직이는 힘<br>생활도구로서의 미디어 | 다양한 생활도구<br>생활도구를 움직이는 힘<br>생활도구로서의 미디어<br>미래의 생활도구 | 다양한 생활도구<br>생활도구를 움직이는 힘<br>생활도구로서의 미디어<br>미래의 생활도구 |
| 교통기관 | 여러 가지 육상 교통기관<br>고마운 육상 교통기관<br>항공/해상 교통기관<br>즐거운 교통생활 | 여러 가지 육상 교통기관<br>고마운 육상 교통기관<br>항공/해상 교통기관<br>즐거운 교통생활 | 교통기관의 종류<br>고마운 교통기관<br>교통기관의 변천과정과 구조<br>교통통신과 교통생활 |
| 우리나라 | 우리나라 사람들의 생활<br>우리나라의 놀이와 예술<br>우리나라의 역사와 자랑거리 | 우리나라 사람들의 생활<br>우리나라의 놀이와 예술<br>우리나라의 역사와 자랑거리 | 우리나라 사람들의 생활<br>우리나라의 놀이와 예술<br>우리나라의 역사와 자랑거리 |
| 세계 여러나라 | | 세계 여러 나라 사람들의 생활<br>세계 여러 나라의 문화유산<br>세계 여러 나라와의 교류<br>세계의 자연과 사회현상 | 세계 여러 나라 사람들의 생활<br>세계 여러 나라의 문화유산<br>세계 여러 나라와의 교류<br>세계의 자연과 사회현상 |

| 생활주제 | 3세 주제 | 4세 주제 | 5세 주제 |
|---|---|---|---|
| 환경과 생활 | 물과 우리 생활<br>흙과 우리 생활<br>바람·공기와 우리 생활<br>빛과 우리 생활<br>소리와 우리 생활 | 물과 우리 생활<br>흙과 우리 생활<br>바람·공기와 우리 생활<br>빛과 우리 생활<br>소리와 우리 생활 | 물과 우리 생활<br>흙과 우리 생활<br>바람·공기와 우리 생활<br>빛과 우리 생활<br>소리와 우리 생활 |
| 계절 | 봄<br>여름<br>가을<br>겨울 | 봄<br>여름<br>가을<br>겨울 | 봄<br>여름<br>가을<br>겨울 |

출처 : 교육과학기술부(2013). 누리과정 교사용지도서. 총론.

### (2) 주제별 수업안

주제별 계획안은 교사는 생활주제가 전개되어 나갈 수 있는 내용의 범위를 예상하고 조직한다. 선정된 생활주제와 유사하거나 같은 주제가 이전의 유아들에게 진행되었던 경험의 내용을 참고하기도 하고, 현재의 유아들에게서 나타나는 전반적인 발달 수준도 고려하거나 주제와 연관지어 지역사회의 환경적 조건도 살펴보고, 교사 자신이 역량도 감안하여 가능한 범위 내에서 3-4주 정도의 주제를 나누어 다루게 된다.

〈표 4-2〉 누리과정에 기초한 5세 주제수업안 예시

| 주제 | 유치원의 환경 | 유치원에서의 하루 | 유치원에서 만난 친구 | 함께 만드는 유치원 |
|---|---|---|---|---|
| 소주제 | • 우리 반 이름과 교실 알아보기<br>• 시설물 사용방법 알아보기<br>• 유치원 돌아보기<br>• 유치원에서 함께 지내는 사람들 알아보기 | • 등·하원하기<br>• 자유선택활동 계획과 평가하기<br>• 집단활동하기<br>• 바른자세로 급식(간식) 먹기 | • 나와 친구 소개하기<br>• 친구와 다른 점 알아보기<br>• 친구와 사이좋게 놀이하기<br>• 친구간의 예의 지키기 | • 우리 유치원을 나타는 것들 알아보기<br>• 안전하게 놀이하기<br>• 유치원의 특별한 날 알아보기<br>• 함께 놀이할 때의 약속 정하기 |

출처 : 교육과학부(2012). 5세 누리과정 교사용 지도서. 제1권 유치원과 친구.

### (3) 주간수업안

주제 전개과정 내용과 연관 있는 활동들을 선정하여 자유선택활동과 대/소집단활동을 안배하여 주제통합활동계획안을 만든다. 주제와 통합활동이 잘 이루어질 수 있도록 자유선택활동 영역과 벽면의 구성 그리고 교실 전체의 심리적 분위기 조성들을 계획한다.

실습생은 우선 실내 자유선택활동 영역에 있어서 생활주제와 연관된 활동 자료들을 영역별로 계획한다. 벽면에는 각종 정보물, 영상자료, 그래프 등 자료들을 주제전개에 따라 게시할 수 있도록 계획한다. 주제의 의미 있는 경험을 격려할 수 있는 교실분위기 창출에 노력해야 한다.

주간수업안을 작성할 때 고려되어야 할 것들을 살펴본다.

- 주간수업계획안은 일반 유아교육기관에서 매주 금요일에 전체 교사회의를 통하여 작성하게 됨으로 실습기관의 일정에 맞추어 작성한다.
  주간수업계획안을 작성할 때에는 먼저 전 주의 주간수업안을 실제에 대해 지도교사와 평가를 하고 다음 주의 교육계획을 협의해야 한다. 전 주에 계획했던 활동 중에 하지 못한 것이 있거나 충분히 하지 못한 활동이 있을 때 다음 주까지 연장할 것인지, 종료할 것인지, 다른 주제(생활주제)에 포함시킬 것인지를 결정해야 한다. 또한 여러 학급이 같은 활동을 동시에 하면 교구・교재 및 기구 등을 충분히 확보할 수 없는 경우가 있으므로 학급 간 활동이 중복되지 않도록 사전에 협의할 필요가 있다.
- 주간수업안은 연・월 수업안에 기초하여 작성한다. 연・월간 수업안에 명시된 각 생활주제의 시작과 종료, 특정 견학이나 행사가 있는 날짜와 일치하도록 주간 수업안을 작성해야 한다.
- 누리과정 5개 영역의 활동들이 골고루 안배된 통합적 주간수업안 세우고 유아의 전인적인 발달을 이룰 수 있도록 도와주어야 한다. 그러나 누리과정 5개영역과 발달영역을 동시에 포함해야 하는 것은 아니다.

- 주간수업안 작성 시 유아의 특성과 능력, 유아교육기관이나 실습 반의 특성에 따라 필요한 활동을 선정할 수 있다.
- 주간수업안은 요일별로 자유선택활동 시간동안의 각 흥미영역 활동들, 하루 일과 중에 이루어지는 집단 활동들을 구체적으로 명시해야 한다.

다음은 누리과정에 기초한 주간수업안의 예를 제시한다.

〈표 4-3〉 누리과정에 기초한 5세 주간수업안 예시

<table>
<tr><td colspan="2">반 이름</td><td colspan="2">☆☆반</td><td>시 기</td><td colspan="2">20 년 ○월 ○주</td></tr>
<tr><td colspan="2">생활 주제</td><td colspan="2">유치원과 친구</td><td>주 제</td><td colspan="2">유치원에서 만난 친구</td></tr>
<tr><td colspan="2">목 표</td><td colspan="5">• 친구에게 관심을 갖고 친구의 의미를 생각해 본다.<br>• 좋은 친구가 되기 위해 노력하며 사이좋게 지낸다.</td></tr>
<tr><td colspan="2">날짜/요일</td><td>15(월)</td><td>16(화)</td><td>17(수)</td><td>18(목)</td><td>19(금)</td></tr>
<tr><td colspan="2">소주제</td><td>나와 친구 소개하기</td><td colspan="2">친구의 의미 알기</td><td>친구간의 예의 지키기</td><td>내 마음, 친구 마음 알기</td></tr>
<tr><td rowspan="7">자유선택활동</td><td>쌓기놀이 영역</td><td colspan="5">친구 키만큼 블록 쌓기</td></tr>
<tr><td>역할놀이 영역</td><td colspan="5">친구와 찰칵</td></tr>
<tr><td>언어 영역</td><td>내가 좋아하는 것<br>친구와 기억게임</td><td colspan="2">내 친구 이름쓰기</td><td></td><td>친구 빙고놀이</td></tr>
<tr><td>수·조작 영역</td><td></td><td colspan="2">내 친구 수 그래프 활동</td><td>친구 입에 쏘옥</td><td></td></tr>
<tr><td>과학 영역</td><td colspan="3">실전화기 친구목소리 듣기</td><td colspan="2">누구일까?<br>–친구 얼굴 맞히기</td></tr>
<tr><td>미술 영역</td><td colspan="4">친구 얼굴 그리기</td><td>사이좋은 친구들</td></tr>
<tr><td>음률 영역</td><td colspan="5">'너와 함께라면' 노래 부르며 악기 연주하기</td></tr>
<tr><td rowspan="5">대·소집단 활동</td><td>이야기 나누기</td><td>우리 반 친구</td><td>우리 반에 필요한 약속을 정해요</td><td>유치원을 돌아보아요</td><td>유치원에서 함께 지내는 사람들이에요</td><td>양보와 배려가 필요한 상황이 있어요</td></tr>
<tr><td>동화/동시 / 동극</td><td></td><td>동시)<br>그런게 친구야</td><td>동화)<br>나는 나답게 너는 너답게</td><td colspan="2">동극)<br>다른 사람이 말할 때 끝까지 잘 들어 보렴!</td></tr>
<tr><td>음악</td><td>노래)<br>함게 하는 친구</td><td></td><td></td><td colspan="2">율동)<br>친구와 춤을 추어요</td></tr>
<tr><td>신체/게임</td><td></td><td>게임)<br>친구와 큰 공 옮기기</td><td></td><td></td><td>게임)<br>칭찬하기 대회</td></tr>
<tr><td>미술/요리</td><td colspan="2">미술)<br>친구 사진으로 확장그림 그리기</td><td colspan="2">미술)<br>친구이름 꾸미기</td><td></td></tr>
<tr><td colspan="2">바깥놀이활동</td><td colspan="5">조심조심 함께 걸어요</td></tr>
</table>

출처 : 교육과학기술부(2012). 5세 누리과정 교사용 지도서. 제1권 유치원과 친구.

### (4) 일일수업안

일일수업안은 효과적인 교육과정 운영에 영향을 미치는 가장 중요한 요소 중의 하나이다. 일일수업안은 하루 동안 이루어지는 모든 활동들을 순서적으로 계획한다. 일일수업안은 주간수업안에 기초하여 수립한다. 일일수업에는 생활주제, 교육목표, 활동명과 활동에 관한 각종 정보(소요시간, 준비물 전개방법, 유의사항 등)와 유아가 등원하여 귀가할 때까지 일어나는 모든 교육활동을 구체적으로 명시한 것으로 유아의 등원, 실내외 자유선택활동, 정리정돈, 간식(점심), 대집단 활동, 소집단 활동, 휴식, 평가 및 귀가지도 등의 활동들을 기록한다.

자세하게 작성된 일일수업안은 하루일과를 운영하는데 있어서 매우 유용한 자료이다. 실습기관마다 일일수업안의 작성요령이나 양식은 다양하다.

일일수업안을 작성할 때 고려되어야 할 것들 살펴보면 다음과 같다.

- 일관성이 있어야 한다. 이는 일과에 일종의 패턴이 있음을 의미하는 것으로 유아로 하여금 무엇을 언제, 어디서, 어떻게 해야 하는가를 알게 하므로 유아가 안정감을 가지고 자신의 행동과 요구를 조절하며 능동적으로 활동할 수 있게 해준다. 일과활동을 알려주는 순서판을 교실 입구에 걸어 놓아서 유아들이 등원하면서 그 날의 활동을 볼 수 있게 해준다.
- 여러 활동 유형간의 다양한 상호작용이 일어날 수 있도록 계획한다. 즉, 교사와 개별유아의 상호작용, 교사와 대소집단 유아와의 상호작용, 유아와 유아간의 상호작용, 유아와 교구와의 상호작용 등의 기회가 골고루 제시될 수 있어야 한다.
- 활동의 계획과 실행에 대한 평가를 한다. 효과적인 일일교육계획은 실행 및 평가를 통하여 완성된다.

누리과정에 기초한  일일수업안의 예를 제시하면 다음과 같다.

〈표 4-4〉 누리과정에 기초한 5세 일일수업안 예시

<table>
<tr><td>반 이 름</td><td>☆☆반</td><td>시 기</td><td>20 년 월 일 요일</td><td>수업 일수</td><td>○/○○일</td></tr>
<tr><td>생활 주제</td><td>유치원과 친구</td><td>주 제</td><td>유치원에서 만난 친구</td><td>소 주 제</td><td>친구간의 에의 지키기</td></tr>
<tr><td>목 표</td><td colspan="5">• 친구의 생각과 느낌을 고려하여 말해야 함을 안다.<br>• 친구 사이에도 지켜야 하는 예의가 있음을 안다.<br>• 친구와 갈들 상황이 있음을 알고 긍정적으로 말해본다.</td></tr>
<tr><td>일과 시간표</td><td colspan="3">09:00 ~09:10 등원 및 인사나누기<br>09:10 ~10:20 놀이계획 및 자유선택활동<br>10:20 ~10:40 정리 및 자유선택활동 평가<br>10:40 ~11:00 오전 간식<br>11:00 ~11:20 이야기나누기<br>11:20 ~11:50 바깥놀이</td><td colspan="2">11:50 ~12:00 음악<br>12:00 ~13:20 점심 및 휴식<br>13:30 ~13:40 동화<br>13:40 ~14:00 평가 및 귀가</td></tr>
</table>

<table>
<tr><th>시간/<br>활동명</th><th>활동 목표</th><th>활동 내용</th><th>자료 및 유의점</th><th>평가</th></tr>
<tr><td>09:00~<br>09:10<br>등원</td><td>• 친구와 선생님께 반갑게 인사한다.</td><td>• 등원하는 순서대로 교실에 들어와 선생님, 친구들과 반갑게 인사를 나눈다.<br>• 오늘의 날짜를 알아보고 출석도장을 찍는다.<br>• 사물함에 가방을 정리하고 겉옷을 옷걸이에 정리한다.<br>• 먼저 온 친구들과 반갑게 인사를 나눈다.<br>• 하루일과를 알아보고 자유선택활동을 계획하고 놀이한다.</td><td>출석카드<br>놀이계획판</td><td>- 아침식사 여부, 건강 상태 등을 확인하였다.</td></tr>
<tr><td rowspan="3">09:10~<br>10:20<br>자유선택<br>활동</td><td>• 다양한 블록으로 가을 동산을 창의적으로 꾸며 볼 수 있다</td><td>【쌓기 놀이 영역】 친구 키 만큼 블록쌓기<br>• 친구 키 만큼 블록을 쌓을 수 있는 여러 가지 방법을 이야기 해본다.<br>• 다양한 블록을 이용하여 친구 키 만큼 쌓아본다.<br>• 블록의 종류나 쌓는 방법에 때k라 블록의 수가 어떻게 달라지는지 비교해 본다.</td><td>다양한 블록,<br>활동지</td><td rowspan="2">• 유아들 모두 적극적으로 개별 활동에 참여하였다.</td></tr>
<tr><td>• 가을의 날씨에 관심을 가진다.<br>다양한 가을 날씨의 특징을 알고 다양한 언어로 표현한다.<br>역할을 정하여 가을 날씨를 알리는 기상캐스터 놀이를 경험한다.</td><td>【역할 놀이 영역】 친구와 찰칵<br>• 친구와 함께 사진을 찍을 때 취하고 싶은 동작에 대해 생각해 본다.<br>• 다양한 모습으로 친구와 함께 사진을 찍어본다.<br>• 친구와 함께 찍은 사진을 서로 감상하며, 느낌을 이야기 해본다.</td><td>• 사진기, 친구와 다양한 모습으로 찍은 사진</td></tr>
<tr><td>• 가을에 볼 수 있는 것들에 대해 알아본다.<br>• 친구와 함께 규칙을 지키며 놀이에 참여한다.</td><td>【언어 영역】 친구 빙고놀이<br>• 우리 반 친구 얼굴이 담긴 카드와 게임 판을 보고 게임 방법에 대해 이야기 한다.<br>• 친구 얼굴 카드를 게임 판 위에 올려 놓는다.<br>• 친구 이름을 부르며 친구 얼굴 카드를 뒤집는다.<br>• 뒤집어진 카드가 가로, 세로, 대각선으로 연결되면 '빙고'하고 외친다.<br>• 빙고를 3번 외친 사람이 이긴다.</td><td>• 빙고판, 친구 얼굴이 담긴 카드</td><td>• 얼굴 카드 뒷면에 침구 이름을 써 주면 이름을 익히는데 도움이 될 것 같아 교구를 수정하였다.</td></tr>
</table>

| | | | | |
|---|---|---|---|---|
| | • 가을에 볼 수 있는 것들에 대해 관심을 가진다. | 【미술 영역】 친구이름 꾸미기<br>• 이응로 선생님의 문자도를 감상한다.<br>• 내가 만들고 싶은 문자도를 생각해 본다.<br>• 구부릴 수 있는 자료로 친구 이름을 표현해 본다.<br>• 액자 틀에 친구 이름들을 구성하고 붙인다. | 가을 날씨 사진 · 가을관련 글자돌림판, 그림퍼즐 | |
| 10:20~10:40 정리정돈 및 평가 | • 자기 주변을 정리할 수 있다. | • 정리 음악에 맞추어 놀잇감을 정리한다.<br>• 자유선택활동을 평가한다. | 정리음악 | • 자유선택활동 평가계획과 실제놀이와 비교하여 살펴보아야겠다. |
| 10:40~11:00 오전 간식 | • 바른 태도로 간식을 먹는다.<br>• 간식을 먹은 후에 스스로 정리한다. | • 손을 씻고 간식 먹을 준비를 한다.<br>• 간식을 먹은 후에 테이블과 간식 접시, 포크를 스스로 정리한다. | 우유<br>카스테라 | |
| 11:00 ~ 11:20 이야기 나누기 | • 말이 가진 힘에 대해 생각해 볼 수 있다.<br>• 친구의 생각과 느낌을 고려하여 말해야 함을 안다. | 【친구가 하는 말】<br>• 말과 관련된 우리나라 속담에 대해 이야기 나눈다.<br>–나의 마음을 기쁘기 해 주는 친구의 말은 어떤 것이 있었니?<br>–나의 마음을 속상하게 만드는 친구의 말은 어떤 것이 있었니?<br>• 친구 간에 말을 할 때 지켜야 할 예의에 대해 알아본다.<br>–친구에게 가장 듣고 싶었던 말을 내가 먼저 친구에게 해준다면 어떤 일이 생길까?<br>–친구의 잘못에 대해 이야기할 때는 어떻게 이야기하면 좋을까?<br>–친구를 칭찬하고 싶을 때는 어떻게 이야기하면 좋을까?<br>–친구에게 도움을 주고(받고)싶을 때는 어떻게 이야기하면 좋을까? | | • 유아들이 속담의 의미를 제대로 이해하고 반응하는 것이 매우 흥미로웠다. '속담풀이'를 전이활동으로 해도 좋을 것 같다. |
| 11:20~11:50 바깥놀이 | • 정해진 약속과 규칙을 지키며 숨박꼭질을 해본다. | 【친구와 숨박꼭질 】<br>• 숨박꼭질 할 때 지켜야 할 약속에 대해 이야기 해 본다.<br>• 친구들을 찾지 못했을 때 알리는 신호를 정해본다.<br>• 열을 센 후 술래가 친구들을 찾는다.<br>• 친구들과 함께 숨박꼭질을 해 본 후 느낌을 이야기 나눈다. | | |
| 11:50~12:20 음악 | • 음악에 맞추어 친구와 폴카춤을 춘 수 있다. | 【친구와 함께 춤을 추어요】<br>• 친구와 폴카 음악을 감상하고 느낌을 이야기 해본다.<br>• 친구와 폴카 음악에 맞추어 폴카 춤을 추는 방법을 알아본다.<br>• 친구와 함께 음악에 맞추어 폴카춤을 춘다.<br>• 친구와 폴카춤을 추고 난 느낌을 이야기 해본다. | • 친구와 폴카 영상자료 | • 폴카 동작이 쉽고 단순하기 때문에 유아들이 금방 익힐 수 있었다.<br>• '친구와 폴카'에 맞추어 노래 가사를 지어도 좋을 것 같다. |
| 12:20~13:20 점심 | • 손을 깨끗이 씻는다<br>• 제자리에 앉아서 점심을 먹는다. | • 점심 식단을 알아본다.<br>• 손을 씻고 점심 먹을 준비를 한다.<br>• 점심을 먹은 후 식판과 자리 주변을 깨끗이 정리하고, 양치질을 한다. | • 혼합잡곡밥, 쇠고기무국, 멸치아몬드볶음, 배추김치, 김, 숙주나물, 사과 | |

| | | | | |
|---|---|---|---|---|
| 13:20~13:40<br>동화 | • 다른 사람의 말을 주의를 기울여 듣는다. | 【다른 사람이 말할 때 끝까지 잘 들어보렴】<br>• 동화 제목과 표지를 보고 동화의 내용을 추측해 본다.<br>• 동화 「다른 사람이 말할 때 끝까지 잘 들어보렴」을 듣는다.<br>• 다른 사람의 말을 끝까지 잘 들어야 하는 이유에 대해 이야기 나눈다. | | • 유아가 동화를 통하여 '끝까지 듣기의 필요성'을 잘 인식할 수 있었다. 내일은 오늘 들려준 동화의 내용을 일부 개작하여 동극을 해 보아야 겠다. |
| 13:40~14:00<br>평가 및 귀가 | • 자신의 느낌과 생각을 적절하게 표현한다. | • 하루 일과를 회상한다.<br>유치원에서 오늘 어떤 활동을 했었니?<br>- 어떤 활동이 가장 재미있었니?<br>• 다음 날 일일 주제에 대해 알아본다.<br>- 내일은 무엇에 대해 알아보기로 했었니?<br>• 차량이나 도보 시 지켜야 할 안전 규칙에 대해 이야기 나눈다.<br>• 인사나누고 안전하게 귀가한다. | | |
| 총평 | • 이야기나누기 시간에 친구를 칭찬하는 일과 기분 좋게 하는 말 등에 대해 알아보고 친구의 마음을 생각해 보고 에의를 지켜 말하기로 하였는데 일과 중에 친구들에게 칭찬하는 말을 사용하거나 친구를 배려하는 말을 사용하는 유아들이 있는지 관찰해 보고 칭찬해 주어야 겠다.<br>• 유아 스스로 자유선택활동을 계획하고 평가하는 것이 아직 익숙하지 않아 다소 시간이 많이 소요되므로 자유선택활동 시간을 좀 더 여유 있게 계획해야겠다.<br>• ○○는 오늘도 미술활동에 참여하기를 싫어했다. 앞으로 1주일 동안 ○○를 집중적으로 관찰하며 구체적인 원인을 찾아보아야겠다.<br>• 음악에 맞추어 몇 번 동작을 반복한 후에는 유아들도 익숙하게 폴카를 출 수 있었다. 친구와 함께 폴카춤을 추는 활동은 내일까지 연장하여 활동해야겠다. | | | | |

출처 : 교육과학기술부(2012). 5세 누리과정 교사용 지도서. 제1권 유치원과 친구.

### (5) 단위수업안

실습생으로서 실제 수업의 실천의 단계가 단위수업활동이라 할 수 있다. 아무리 좋은 수업안을 설정하고 유아들의 특성을 잘 파악한 일일수업안을 작성하여도 수업활동을 통하여 구체화되고 활용되지 않으면 아무 소용이 없기 때문이다.

단위수업활동은 수업의 유형 및 형태에 따라 단위수업단계가 다를 수 있으나 일반적으로는 도입단계, 전개단계, 정리단계로 구분한다.

실습생은 성공적인 단위수업 활동이 이루어지기 위해서는 각 단계별 무엇을 어떻게 할 것인가 세심하게 계획해야 한다.

다음은 단위수업활의 단계별 주요활동을 소개한다(정용부, 오성숙, 2007).

### ① 도입단계

도입단계는 활동이 시작되는 단계로 비교적 짧은 시간 안에 이루어진다. 활동 상황에 따라 약간의 차이는 있지만 대략 5분 전후가 적절하다. 도입단계에서의 주요활동을 다음과 같다.

• 동기유발

학습동기유발은 주어진 학습과제에 대한 유아의 관심과 흥미를 불러일으키는 것이다. 현실적으로 많은 활동들이 유아들의 학습동기 유발에 실패함으로써 활동 목표 달성에 실패하게 된다. 따라서 실습교사는 도입단계에서 다양한 방법을 사용해서 유아의 관심과 흥미를 끌어야만 한다.

• 주의집중

주의집중이란 교사가 계획하여 주도하는 교육활동에 유아들이 집중하여 그 활동을 효과적으로 진행할 수 있도록 실습교사가 행하는 전략을 말한다. 주의집중은 주로 활동의 시작 단계에서 많이 사용하지만 활동이 진행되는 동안에도 유아들이 집중하지 않을 때는 언제든지 사용할 수 있다.

주의집중의 중요성 : 교육의 효과는 학습자가 진행되는 교육활동에 집중하여 참여하는 태도와 습관을 가질 수 있도록 해야 한다.

–주의집중 전략 활용 시 주의점

- 가능한 한 현재 진행되고 있는 생활주제, 혹은 활동과 관련이 되게 한다.
- 주의집중이 되면 활동을 바로 시작하도록 한다.
- 다양한 주의집중 전략을 사용한다.
- 교육적으로 적합한 방법을 사용한다.

• 활동목표 제시

도입단계에서 실습교사와 유아 모두가 활동목표를 명확하게 인식하고 있어야 학습의 효과도 높일 수 있다. 따라서 유아들이 성취해야 할 학습목표를 구체적이고 분명하게 그리고 알기 쉽게 제시해 주어야 한다. 학습목표를 제시할 때는 구체적인 행동목표로 제시하며, 말로뿐만 아니라 구체적인 보기, 시범 또는 작품을 함께 제시하여야 효과적인 활동이 될 것이다.

• 선수활동과 관련짓기

본 활동과 관련이 있는 과거의 활동경험들을 회상시키거나 재생시켜 주는 활동이다. 어떤 과제의 활동이 용이하게 이루어지기 위해서는 현재 활동과제와 관련 있는 과거의 활동을 연결시켜 주어야 한다.

### ② 전개단계

전개단계는 활동의 중심활동으로, 실제 본시활동의 대부분이 이 단계에 해당된다. 전개단계에서는 학습과제의 내용을 유아들에게 제시하고 다양한 활동방법을 사용하여 활동목표 달성을 위한 교수·학습활동을 하게 된다. 전개단계에서의 주요 활동은 다음과 같다.

• 활동내용의 제시

학습내용을 제시할 때는 다음의 몇 가지를 고려해야 한다.

첫째, 활동내용은 단순하고 쉬운 과제에서 복잡하고 어려운 과제로 나아가도록 해야 한다.

둘째, 한 단위 시간에 지도해야 할 활동내용을 유아들의 발달수준과 특성, 활동의 조건과 활동상황 등을 고려하여 적당한 크기로 묶어야 한다.

셋째, 설정된 학습목표를 달성하는데 없어서는 안 될 주요 내용과 그 내용을 이해하는데 필요한 예들을 미리 선정해야 한다.

• 활동자료의 제시

학습자료는 학습목표를 달성하는데 도움이 되는 다양한 프로그램이나 매체를 말한다. 학습자료를 제시할 때는 학습내용의 특성에 따라 선정하되 학습자의 경험과 수준을 고려해야 한다.

• 유아의 참여유도

전개단계에서는 많은 질문과 응답이 오가며, 실제 어떤 행동을 보여주기도 한다. 따라서 교사가 전 과정을 주도해서는 안 되며 유아의 적극적인 학습활동을 유도하는 것이 필수적이다. 유아들에게 적극적인 참여를 유도하는 방법으로는 다양한 표현기회의 제공, 적극적인 사고활동의 유도, 활동과제 활동의 제시 등 유아들이 적극적으로 참여할 수 있는 다양한 방법을 모색해야 한다.

• 다양한 활동방법의 사용

주어진 활동목표를 달성하기 위해서는 다양한 활동방법이 필요하다. 활동방법은 활동목표, 활동상황, 활동자료의 특징, 유아들의 발달수준 및 흥미 등에 따라 다양해질 수 있다.

• 시간과 자원의 관리

전개단계는 한 단위활동 시간의 약 60~70%를 차지한다. 따라서 경우에 따라서는 몇 개의 하위단계 또는 활동으로 구분하여 시간과 자원을 관리하는 것이 좋다.

### ③ 정리단계

정리단계는 학습활동의 마무리 부분이다. 이 단계에서는 활동내용을 요약·정리하고 강화시키며 일반화할 수 있도록 해야 한다. 정리단계의 주요 활동은 다음과 같다.

• 학습활동에 대한 요약·정리

지금까지 활동한 주요 활동내용을 요약·정리하는 활동이다.

• 연습을 통한 강화

학습한 내용을 실제 상황이나 이와 유사한 상황에서 적용시킬 수 있는 기회를 제공하는 활동이다. 물론 어떤 학습과제에 있어서는 연습을 통한 강화활동을 전개단계의 끝 부분에서 실행할 수 있다. 중요한 개념이나 새로 배운 내용은 많은 연습을 통해 분명하게 숙지시켜야 한다.

• 일반화

유아들이 학습한 내용을 주변의 생활 문제에 적용하고 해결해 보는 경험을 하는 활동이다.

• 보충자료 제시 및 차시 예고

활동시간에 충분히 다루지 못한 내용이 있으면 추가로 제시하여 유아들의 학습욕구를 지속시키고, 다음 시간에 학습할 내용이나 주제를 이번 시간에 배운 내용과 관련지어 제시하는 활동이다.

#### ④ 전이활동

전이활동은 하루의 일과가 진행되는 동한 한 가지 활동이 끝나고 다른 활동이 시작되기까지 이어지는 시간에 이루어지는 활동을 말한다.

전이활동의 중요성은 유아들이 하루의 일과가 진행되는 동안 자신들이 어떠한 활동을 하게 되는지에 대한 예측을 할 수 있을 때 안정감을 느낀다. 전이가 빠르고 효율적으로 이루어질수록 유아들이 아무것도 하지 않고 의미 없이 기다리는 시간이 줄어든다.

전이가 정확하게 이루어지면 유아들이 다음에 할 활동을 분명하게 인식하고 빨리 다음 활동에 몰입하기 때문에 학습에 투자하는 시간이 늘어나게 된다. 전이과정에서 실습교사의 지시가 정확하게 이루어진다면 유아가 실습교사에게 의존하지 않고 스스로 다음 활동을 준비할 수 있는 자율성을 기르게 된다.

〈표 4-5〉 단위수업안 예시

<table>
<tr><td>생활주제</td><td>여름</td><td>주 제</td><td>더운 여름나기</td></tr>
<tr><td>소 주 제</td><td>여름을 건강하게 지내기</td><td>활동명</td><td>수박주스가 되어보아요</td></tr>
<tr><td>활동유형</td><td>신체표현</td><td>활동시간<br>(소요시간)</td><td>10:40~11:10(30분)</td></tr>
<tr><td>활동목표</td><td colspan="3">• 수박주스를 만드는 과정에 관심을 갖는다.<br>• 신체 각 부분을 조절하여 창의적인 움직임을 표현한다.<br>• 다른 사람의 신체표현을 존중하는 태도를 기른다.</td></tr>
</table>

<table>
<tr><th rowspan="2">활동<br>단계<br>(시간)</th><th rowspan="2">활동<br>내용</th><th rowspan="2">활동<br>목표</th><th colspan="2">교수-학습 활동</th><th rowspan="2">자료(·)및<br>유의점(※)</th></tr>
<tr><th>교 사</th><th>유아</th></tr>
<tr><td rowspan="8">도입<br>(5분)</td><td rowspan="6">주의<br>집중<br>및<br>동기<br>유발<br>하기</td><td rowspan="8">• 다른사람의 이야기를 바른 자세로 듣는다.<br><br>• 어제의 활동을 회상하여 말한다.</td><td colspan="2">◎ 주의집중 및 동기유발하기<br>• 〈수박파티〉를 부르며 주의를 집중한다.<br>• 어제 활동한 수박주스 만들기 사진을 보며 동기를 유발한다.</td><td rowspan="8">• 수박주스 만들기 과정 및 활동사진 PPT<br>• 유아가 자유롭게 이야기할 수 있도록 격려한다.<br>• 안전에 유의하여 미리 양말을 벗어 실내화에 넣는다.</td></tr>
<tr><td>–새싹반, 어제 우리가 어떤 요리를 했었는지 기억나나요?</td><td>–수박주스 만들기요/ 주스를 만들었어요.</td></tr>
<tr><td>–어떤 방법으로 수박주스를 만들었는지 다시 한 번 볼까요?</td><td>–네</td></tr>
<tr><td>–수박주스를 만들기 위해 첫 번째로 우리가 무엇을 했었나요?</td><td>–수박을 반으로 잘랐어요/ 수박씨도 뺐어요.</td></tr>
<tr><td>–그 다음에는 어떻게 주스를 만들었나요?</td><td>–수박을 작게 잘랐어요/ 그 다음에는 믹서기에도 넣었어요.</td></tr>
<tr><td colspan="2"></td></tr>
<tr><td rowspan="2">활동<br>소개</td><td colspan="2">◎ 오늘의 활동 알아보기<br>• 오늘의 활동을 알아본다.</td></tr>
<tr><td>–새싹반 친구들이 어제했던 수박주스 만들는 방법을 잘 기억하고 있네요.<br>–오늘은 우리가 직접 수박 주스가 되어 보아요.</td><td><br><br>–네</td></tr>
<tr><td rowspan="8">전개<br>(20분)</td><td rowspan="4">동영<br>상<br>탐색</td><td rowspan="4">• 말할 차례를 지켜 말한다.<br><br>• 다양한 방법으로 사물을 탐색한다.</td><td colspan="2">◎ 동영상을 본 후 이야기 나누기<br>• 동영상을 본 후 믹서기에 수박이 갈리는 모습에 대해 이야기 나눈다.</td><td rowspan="4">• 수박이 믹서기에 갈리는 모습 편집 동영상</td></tr>
<tr><td>–동영상에 어떤 모습이 나왔나요?</td><td>–믹서기 안에 수박이 돌아가요.</td></tr>
<tr><td>–믹서기가 돌아갈 때 어떤 소리가 들렸나요?</td><td>–이이잉 소리가 나요/ 시끄러운 소리가 났어요.</td></tr>
<tr><td>–믹서기가 돌아갈 때 수박의 모습은 어땠나요?</td><td>–빙글빙글 어지럽게 돌아가요/ 엄청 빠르게 회오리처럼 돌아요.</td></tr>
<tr><td rowspan="4">신체<br>표현<br>탐색</td><td rowspan="4">• 믹서기가 돌아가는 모습을 신체로 표현한다.<br><br>• 다른 사람의 표현을 존중한다.</td><td colspan="2">◎ 수박주스가 되는 과정의 신체표현을 탐색한다.</td><td rowspan="4">• 원하는 유아가 나와서 시범을 보일 수 있도록 한다.</td></tr>
<tr><td>–믹서기가 빠르게 돌아갈 때의 수박은 어떻게 표현할 수 있을까요? 앞에 나와 해볼 친구가 있을까요?</td><td>–(앉아서 또는 서서 빠르게 도는 표현)</td></tr>
<tr><td>–믹서기가 천천히 돌아갈 때의 수박은 어떻게 표현할 수 있을까요?</td><td>–(앉아서 또는 서서 느리게 도는 표현)</td></tr>
<tr><td>–믹서기가 멈췄을 때의 수박은 어떻게 표현할 수 있을까요?</td><td>–(멈추는 표현/바닥에 눕는 표현)</td></tr>
</table>

| | | | | | |
|---|---|---|---|---|---|
| 전개<br>(20<br>분) | | | **◎ 신체표현에 필요한 음악 탐색한다.** | | |
| | 음악<br>탐색 | • 음악의 빠르기를 집중하여 듣는다. | -(캐논을 들려주며) 이 노래가 나올 때는 믹서기 안의 수박이 어떻게 움직여야 할까요?<br>-(강아지 왈츠를 들려주며) 이 노래가 나올 때는 믹서기 안의 수박이 어떻게 움직여야 할까요? | -천천히 움직여요/ 느리게 돌아요.<br>-빠르게 돌아요/ 빙글빙글 어지럽게 돌아요. | • 배경음악: 캐논 변주곡, 강아지 왈츠<br>• 사전에 음원을 들려주어 익숙해지도록 한다. |
| | 약속<br>정하<br>기 | • 신체활동에 필요한 약속을 안다. | **◎ 신체표현에 필요한 약속을 정해본다.**<br>-우리가 수박주스가 되는 모습을 표현할 때 필요한 약속에는 무엇이 있을까요?<br>-친구와 부딪히지 않고 안전하게 표현하려면 어떻게 해야 할까요?<br>-친구들이 표현할 때 보는 친구들은 어떤 자세로 보아야 할까요?<br>-친구들이 더 재미있게 표현을 하기 위해서 선생님이 머리띠를 준비했어요. 이 머리띠는 어떻게 사용해야 할까요? | -친구를 밀지 않아요/ 조심해서 돌아요/ 노란 동그라미 안에서 움직여요.<br>-친구들이 잘 하는지 자리에 앉아서 봐요/ 바른 자세로 봐요.<br>-머리에 쓰고 해요/ 다 쓰면 바구니에 담아요. | • 약속판<br>• 수박 머리띠 |
| | 신체<br>표현 | • 믹서기가 돌아가는 모습을 신체로 표현한다.<br>• 다른 사람의 표현을 존중한다. | **◎ 음악을 들으며 신체표현를 한다.**<br>-노란 동그라미 위에 앉아 볼까요?<br>-어떤 친구들이 수박이 되어 볼까요?<br>-수박이 된 친구들은 머리띠를 쓰고 동그라미 안에 들어가 보아요.<br>-○○는 앉아서(서서) 수박이 돌아가는 것을 표현하고 있군요.<br>-빠르게(느리게) 수박이 돌아가는 것을 표현해주고 있네요. | -네<br>-(신체표현을 한다) | • 배경음악, 블루투스 스피커<br>• 유아가 서로 부딪히지 않도록 공간 확보와 안전에 유의한다. |
| | | | 신체표현대형<br>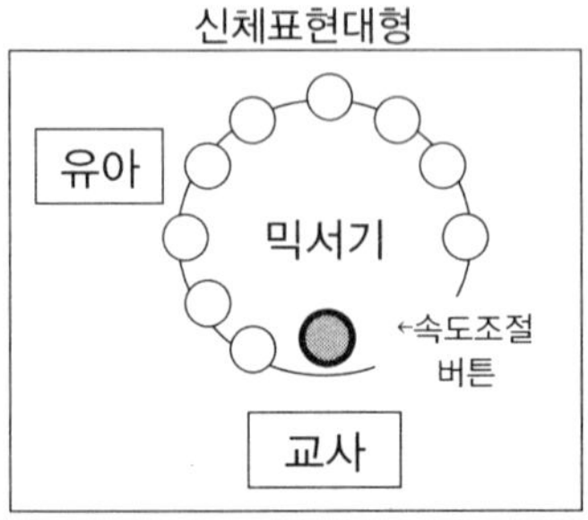<br> | | • 소극적인 유아를 격려하고, 억지로 표현을 강요하지 않는다. |

| 정리<br>(5분) | 활동<br>평가<br>하기 | · 자신의 생각과 느낌을 표현한다. | ◎ **활동 평가하기**<br>• 활동을 마친 후 느낌에 대해 함께 이야기 나눈다.<br>-오늘 우리가 무엇을 표현해 보았었나요?<br>-수박주스가 되어보니 어떤 점이 재미있었나요?<br>-어떤 친구의 표현이 기억에 남나요?<br>-선생님도 새싹반이 다른 친구의 표현을 바른 자세로 잘 봐주어 참 좋았어요. | -수박이 되어보았어요/ 수박주스가 믹서기에 돌아가는 것을 해보았어요.<br>-친구랑 같이 빙글빙글 도는 것이 재미있었어요. | • 소극적인 유아의 작은 시도를 격려해준다. |
|---|---|---|---|---|---|
| | | | ◎ **차시활동 안내하기**<br>• 다음 활동을 알아본다.<br>-이제 화장실에 다녀 온 뒤 수박이 나오는 〈한 입에 덥석〉 동화를 들어요. | | |
| **평가** | | | • 수박주스를 만드는 과정에 관심을 가졌는가?<br>• 신체 각 부분을 조절하여 창의적인 움직임을 표현하였는가?<br>• 다른 사람의 신체표현을 존중하였는가? | | |

## 3 수업의 전략

### 1) 수업목표 진술

수업을 통하여 유아에게 무엇을 배우게 할 것인가, 즉 수업 의도에 대한 진술로 수업목표는 유아가 학습활동을 통하여 성취되기를 기대하는 행동의 변화를 의미한다.

수업목표의 진술은 그론런드(Gronlund)와 메거(Mager) 그리고 아이스너(Eisner)의 방법이 널리 알려져 있는데 수업안 작성에 참고가 될 진술법을 알아보기로 한다.

#### (1) 그론런드(Gronlund)의 수업목표 진술

수업목표를 일반 수업목표와 구체적인 수업목표로 구분하여 수업목표를 기대하는 학습성과로서의 일반적 수업목표를 먼저 진술한 다음, 이 목표의 행동적 증거가 될 수 있는 명세적인 행동의 표본을 진술하는 방식이다.

〈표 4-6〉 목표 진술의 예

| 일반 수업목표 | 집에서 기르는 동물에 대하여 안다. |
|---|---|
| 명세적 수업목표 | • 집에서 기르는 동물들의 이름을 말한다.<br>• 집에서 기르는 동물들의 생김새를 구별한다.<br>• 집에서 기르는 동물들이 좋아하는 먹이가 무엇인지 안다.<br>• 집에서 기르는 동물들은 우리에게 어떤 도움을 주는지 안다. |

#### (2) 메거(Mager)의 수업목표 진술

목표 진술의 핵심은 학습자가 학업성취 행동을 보일 때 어떤 행동을 보일 것인지 그리고 교사가 그것을 어떻게 알 수 있는지를 반드시 진술해야 한다고 보는 입장이다. 그래서 향동목표는 유아가 한 주제 또는 한 활동을 하고 난후 나타낼 수 있는 관찰 가능한 행동을 서술한다. 즉 유아가 무엇을 어떤 상황에서 어떻게 어느 정도 성취할 수 있는가를 명시해 주는 유아의 학습결과에 대한 진술이다.

〈표 4-7〉 목표진술의 예

| 행동적 목표 : 조건(condition) + 성취준거(criteria) + 성취수준(terminal behavior) |
|---|

| 예) | 1부터 9까지의 숫자들을 | 순서대로 | 배열 할 수 있다. |
|---|---|---|---|
| | 조건 | 성취기준 | 성취수준 |

### (3) 아이스너(Eisner)의 수업목표 진술

학습활동의 결과 얻어진 특수한 행동에 대해 진술하지 않고 학습자의 개별적 성향과 다양성의 존중에 초점을 두어 학습자가 학습상황에서 경험하게 될 교육적 만남을 중요시하는 표현적 목표 진술 방식이다. 표현적 목표 진술은 유아의 특성을 보다 잘 반영한 진술 방식으로 유아교육기관에서 널리 활용되고 있는 방법이다.

〈표 4-8〉 목표진술의 예

| 표현적 목표 : 상황(situation) + 문제(problem) + 과제(task) |
|---|

| 예) | 콩쥐와 팥쥐 이야기를 듣고 | 콩쥐에 대해 느낀 것을 | 이야기 나눈다. |
|---|---|---|---|
| | 상황 | 문제 | 과제 |

### (4) 수업목표 진술시 고려 사항

- 수업목표는 유아의 행동이나 성취에 관하여 진술해야 하며, 교사의 성취나 지도 내용을 기술하지 않는다.

  예) 그림을 보고 농장 동물을 찾게 한다.(×)

  그림을 보고 농장 동물을 찾는다.(○)

  여러 가지 과일을 큰 것과 작은 것으로 구분하게 한다.(×)

  여러 가지 과일을 큰 것과 작은 것으로 구분한다.(○)

- 수업목표는 추상적으로 제시되 교육과정의 영역별 활동 내용을 기술하지 않고 구체적인 수업(활동) 내용과 관련된 내용 및 행동을 기술한다.

  예) 물체와 물질을 탐색한다.

  바람의 세기에 따라 종이가 날아가는 거리가 다름을 안다.(○)

  주변지역에 관심을 갖는다.(×)

  우리 동네에는 어떤 기관이 있는지 안다.(○)

- 목표 진술은 과정적 행동 동사의 진술을 피하고 학습결과의 성취 측면에 초점을 두어 진술한다.

  예) 가족 구성원의 그림을 그려본다.(×)

  가족 구성원의 그림을 그린다.(○)

  동물과 동물이 아닌 그림을 구분해 본다.(×)

  동물과 동물이 아닌 그림을 구분한다.(○)

- 수업목표는 일정한 학습과정이 끝났을 때 유아들의 행동이 어떻게 변화되어야 하느냐에 중점을 두고 서술한다. 따라서 지적 기능학습이나 운동기능학습의 경우에는 그 성과가 어떠한가에 초점을 두고 진술 하도록 하고, 태도와 관련되는 학습에는 과정적 측면에 초점을 둔 수업 목표를 진술할 수 있다.

  예) 여러 가지 물건을 관찰하여 그 모양을 구분한다.(지식)

  스스로 양말을 신고 벗을 수 있다.(기능)

  사람은 서로 다르다는 것을 알고 존중하는 마음을 갖는다.(태도)

  예) 가족 구성원의 특징에 대해 안다.

  가족과 가족이 아닌 사람의 차이를 안다.(지식)

  가족 구성원이 하는 일을 따라 할 수 있다.(기능)

  가족 구성원끼리 서로 사랑하는 마음을 갖는다.(태도)

- 수업목표는 학업성취의 정도를 평가할 수 있는 기준을 가능한 제시한다. 그러나 그 기준의 제시는 유아의 발달 수준을 고려하여 적절하게 제시한다.

예) 여러 동물 그림을 보고 집에서 기르는 동물 다섯 가지를 찾아 낼 수 있다.
조건 기준 성취수준

예) 그림판에서 1과 2를 구분할 수 있다.
조건 기준 성취

- 수업목표의 진술방법에서 중요한 것은 교사가 수업에서 유아들이 성취해야 할 목표를 구체적이고 명확하게 진술함으로써 목표에 따른 수업활동의 방향과 내용 및 유아의 수업결과로서 나타나는 유아들의 성취행동을 보다 명료하게 확인할 수 있게 하는 것이다. 따라서 어느 한쪽에만 치우친 즉, 행동적 목표 진술을 무시하고 추상적이고 일반적인 목표 진술에만 초점을 두느냐 아니면 결과적인 측면에 초점을 두느냐 또는 이해, 기능, 태도 등 어떤 측면에 초점을 두느냐에 따라 진술 방법이 달라질 수 밖에 없음을 염두해둔다.

### 2) 수업 발문기술

실습생과 유아 간 또는 유아 상호간의 문답을 통해서 유아들은 스스로 사고활동을 촉진하여 탐구하는 능력을 키우게 되고, 학습하는 방법을 배우게 된다는 점에서 발문법은 수업에 있어서, 실습생의 핵심적인 수업기술로서 수업의 질을 결정하는 핵심적인 요소이다. 따라서 수업을 성공적으로 안내하고 실천할 수 있는 가장 중요한 수업의 실천기술이라 할 수 있다.

- 수업활동에서 교사가 유아들에게 발문을 하는 이유를 Carin(1970)은 다음과 같이 7가지로 제시하고 있다(정용부, 오성숙 ,2007).
  - 흥미를 고조시키고 유아가 활동에 적극적으로 참여하도록 동기를 유발하기 위하여
  - 유아의 준비도를 평가해 보고 숙제나 예습을 다했는지 알아보기 위하여
  - 가르친 것을 복습하고 요약하기 위하여
  - 새로운 관계를 알아볼 수 있는 통찰력을 길러주기 위하여

- 비판적 사고를 자극하고 발문하는 태도를 발달시키기 위하여
- 유아 스스로 지식을 더 찾도록 자극을 주기 위하여
- 활동의 목적을 달성했는지 평가를 해보기 위하여

• 발문의 유형

- 핵심발문 : 활동에서 지향하는 활동목표, 활동내용에 따라 유아들의 사고경험에 단서를 주고 그들의 사고활동을 인도하는 활동목표와 직결되는 활동의 중심적인 질문이다.
- 과정처리발문 : 핵심발문 이전에 교사의 핵심발문에로 유아를 안내하기 위한 발문 또는 핵심발문에 대한 유아의 반응을 보완하고 개선하는 질문 (초점화, 명료화, 부추기기, 정교화, 입증, 지지 등)

• 발문 및 유아의 반응을 처리시 고려사항

- 수용적인 분위기를 조성한다.
- 폐쇄적 질문을 피하고 개방적 질문을 한다.
- 구체적이고 분명한 질문을 하기 위해서는 때론 정답을 유도하는 방향이나 단서를 제시한다.
- 질문내용이 질문에서 의도하는 바를 유도해 낼 수 있는 것인가를 질문하기 전에 생각한다.
- 질문을 하고 생각할 수 있도록 기다려준다.
- 이중질문을 삼간다.
- 다른 유아의 말(대답)을 열심히 듣고 존중하도록 격려한다.
- "선질문, 후지명"을 하여 모든 유아가 생각할 수 있는 기회를 주는 것이 좋다.
- 하나의 정답이 있는 질문보다 다양한 반응이 있는 질문을 많이 한다.
- 직접적인 질문보다 간접적인 질문을 사용한다.

CHAPTER

# 05

# 현장실습의 평가

1. 평가의 의미
2. 실습기관에서 평가
3. 실습생의 자기평가
4. 대학에서의 평가

## 1 평가의 의미

현장실습에 대한 평가는 실습의 목표가 얼마만큼 달성이 되었으며 실습생은 실습과정 동안 예비유아교사로서 얼마나 성실하게 수행하였는지를 확인하는 과정이다.

실습평가는 대학과 실습기관에게 차후의 실습을 보다 효율적으로 계획하고 수행할 수 있도록 개선방향을 제시해주며, 실습생 개인에게는 자기이해, 성취정도의 파악, 교사로서의 성장, 진로 결정, 부족한 부분을 개선하며 노력하는 자세를 갖도록 하는데 도움을 준다(오영희, 임영옥, 서지원, 서영선, 2012). 실습생은 평가를 통해 유아교사로서의 자신의 적성을 확인하고, 유아교사로서 더 발전하고 반성할 기회도 갖게 된다.

실습평가는 실습기관에서의 평가, 실습생 자기 평가, 대학에서의 평가가 함께 진행된다.

## 2 실습기관에서의 평가

실습생의 실습에 대한 평가는 실습기관에 따라 형식과 내용이 다소 차이는 있으나 대부분이 대학에서 제공하는 실습평가기준에 의해 실시되는 경우가 많다.

평가는 실습이 진행되는 동안 매일 지도교사가 실습생의 유아지도활동을 관찰하거나 실습생의 일지를 점검하여 피드백을 제공해주거나 참여수업 수행에 대한 피드백, 실습이 끝난 후 이루어지는 종합 평가가 등 다양한 방법으로 이루어진다.

실습생은 이러한 평가 과정에서 주어지는 지도교사의 조언과 피드백을 겸허하게 수용하고 반성적 사고를 통해 실습활동에 적용하여 현장을 이해하고 배울 수 있는 기회가 되도록 한다(윤경옥, 2015).

종합평가는 실습이 끝난 후 실습기관에서 실습생에 대한 실습기간동안의 평가를 수렴하여 5개의 평가영역에 대한 평가 점수를 평가양식에 기입하는 형식으로 제공된다.

〈표 5-1〉 현장실습 평가기준표(교육과학기술부, 2016)

| 평가영역 | 평가내용 | 배점 | 총배점 비율 | 비고 |
|---|---|---|---|---|
| 근무태도 | ① 근무상태(출 · 결석, 지각, 조퇴, 외출)<br>② 근무의 성실성 | 5<br>5 | /10% | 결근1일-2점 감점<br>지각1회-1점 감점<br>외출1회-1점 감점<br>조퇴1회-1점 감점 |
| 일반자질 | ① 직무에 대한 책임감과 활동<br>② 품위(용모, 언행 및 교양)<br>③ 유아에 대한 태도(유아와의 놀이, 유아지도) | 5<br>5<br>5 | /15% | |
| 교육활동 지도능력 | ① 학습지도 준비 및 계획 (교육계획안, 교재연구, 적절성)<br>② 학습지도 기술면(발문, 자료 활용 능력)<br>③ 학습평가면(수업과정의 평가) | 20<br>20<br>10 | /50% | |
| 연구조사 활동 | ① 연구능력(연구적 태도)<br>② 관찰(유아관찰 태도)<br>③ 실습일지 기재(내용의 적절성과 성실성) | 5<br>5<br>5 | /15% | |
| 학급경영 및 사무처리 능력 | ① 학급환경의 구성과 학급경영 기회<br>② 유아의 관리 및 지도력<br>③ 사무처리(신속성, 정확성) | 4<br>3<br>3 | /10% | |
| 총평 | | | /100% | |

〈표 5-2〉 실습평가 기준표의 세부 평가 내용 (윤기영 외, 2011 ; 김유정 외 2014)

| ■ 근무태도 | |
|---|---|
| - 출근하여야 할 날<br>- 지각, 조퇴, 외출<br>(지각, 조퇴, 외출 각 1회에 1점 감점)<br>- 결근-결근 1회 2점 감점 | |
| **■ 일반자질** | |
| • 직무에 대한 책임감과 열의<br>-직무에 대한 책임감이 강하며, 매사에 성실하게 임하고 있는가?<br>-동료 교사와 아동으로부터 신망을 받고 있는가?<br>-교직생활에 취미를 느끼고, 열성적으로 임하는가?<br>• 교양<br>-용모와 언행이 단정한가?<br>-일반교양 및 전문 적인 지식이 풍부하며, 교사로서의 품위를 갖추고 있는가?<br>• 교육적 신념<br>-교직에 대한 매력을 느끼고 있으며, 제반활동에 적극적인가?<br>-바람직한 교직관이 세워져 있으며, 교직을 천직으로 여기려고 하는가? | -교사의 품위에 맞는 복장을 갖추었는가?<br>-교사의 품위에 맞는 언어를 사용하는가?<br>-표정은 늘 밝고 온화한가?<br>-자신이 맡은 유아를 골고루 사랑하는가?<br>-유아의 요구를 인내심을 갖고 들어 주는가?<br>-유아를 향해 칭찬할 준비가 되어 있는가?<br>-목소리의 크기는 적절한가?<br>-억양은 날카롭지 않은가?<br>-동료교사와 협조하며 조화를 이루는가?<br>-원내 조직의 질서에 능동적으로 협조하는가?<br>-희망적인 관점에서 유아를 보는가?<br>-항상 연구하고 발전하려는 의지가 있는가?<br>-창의력이 풍부한가? |
| **■ 학습지도능력** | |
| • 지도계획<br>-학습지도를 위한 교재 연구는 잘되어 있는가?<br>-학습지도를 위한 자료 준비는 충분한가?<br>-학습지도안은 각 항의 내용이 적절하고 충실하며 조리 있게 기술되어 있는가?<br>• 지도 기술<br>-지도에 자신 있게 임하며 유아 개개인에 유의하며 수업을 진행하는가?<br>-유아의 심리 상태를 잘 파악하여, 교사와 아동 상호 간의 협력적인 수업을 전개하고 있는가?<br>-교사의 교수 용어 및 설명 요령은 적절한가?<br>-자료 제시는 조직적이며 체계적인가?<br>-유아는 즐거운 분위기에서 의욕적으로 학습할 수 있었는가? | -교육활동에 대한 계획과 준비는 되어있는가?<br>-교육활동 계획안 작성은 잘 되어있는가?<br>-교육활동 지도 기술은 잘 적었는가?<br>-교재 연구 및 활동기술은 적절한가?<br>-유아와의 상호작용은 적절한가?<br>-유아의 놀이 참여를 잘 유도하는가? |

<table>
<tr><td>• 학습평가<br>-유아의 활동에 대한 평가방법은 적절한가?<br>-유아활동 평가 시 유아가 계속적으로 그 활동에 의욕을 가지도록 지도하는가?</td><td></td></tr>
<tr><td colspan="2">■ 연구 조사 활동</td></tr>
<tr><td>• 연구능력<br>-제반 업무에 창의성을 발휘하고 있는가?<br>-제반 사항을 면밀히 관찰하고 비판적으로 해석 하는가?<br>• 연구적 태도<br>-교직에 대한 제반 사항을 자진하여 알려고 하는가?<br>-교육실습에 관한 제반 사항을 면밀히 기록하며 반 성적인 검토를 하고 있는가?<br>• 교육이론의 적용<br>-교직에 대한 이론적인 기반은 닦여 있는가?<br>-알고 있는 이론을 적용하려고 노력하며, 교육사항에 대하여 이론적인 검토를 하고 있는가?</td><td>-새로운 수업방식을 도입하였는가?<br>-전공서적을 탐독한 흔적이 보이는가?<br>-수업 전에 담임교사와 사전 협의가 이루어지는가?<br>-자신만의 창의적인 생각이 있는가?<br>-학계의 동향을 수업에 반영시켰는가?<br>-일지는 제대로 기록되어져 있는가?<br>-일지는 밀리지 않고 제 때 제출하였는가?</td></tr>
<tr><td colspan="2">■ 학급경영 및 사무처리능력</td></tr>
<tr><td>• 학급경영 기획<br>-학급환경 구성을 창의적으로 하고 있는가?<br>-학급경영안의 작성요령 및 경영방침 등을 잘 습득 하였는가?<br>• 유아 관리 및 지도력<br>-유아의 개성을 잘 파악하여 개성에 알맞은 지도를 행하는가?<br>-학급 유아를 잘 지도하여 바람직한 분위기를 조성하고 있는가?<br>• 사무처리<br>-제반 지시사항을 기한 내에 수행하는가?<br>-지도교사 및 기타 교직원에게 협조적인가?</td><td>-수업계획표가 양식에 맞고 진술이 정확한가?<br>-컴퓨터 사용능력이 기본 이상인가?<br>(예 : 사진 첨부 및 표작업)<br>-수업계획표를 하루 전 날 제출하는가?<br>-환경구성능력이 있는가?<br>-유아들끼리의 문제상황에서 적절하게 지도하는가?<br>-유아들이 너무 들떠서 돌발사태가 일어날 수 있을 때 유아들을 진정시킬 수 있는가?<br>-유아가 다쳤을 때 침착하게 대응하는가?<br>- 맡은 일은 끝까지 완수하는가?</td></tr>
</table>

〈표 5-3〉 실습생의 참여수업에 대한 평가표 예시

# 수업 상호작용 분석 자료

| 수업 분석 영역 | 평가항목 | 예 | 아니오 |
|---|---|---|---|
| 활동 선정 · 계획 | 주제가 명시되어 있는가? | | |
| | 주제와 관련된 활동이 선정되었는가? | | |
| | 유아의 발달에 적합한 주제인가? | | |
| | 활동목표 진술이 구체적이고 명료한가? | | |
| | 활동목표와 학습내용이 일치하는가? | | |
| | 활동목표와 관련하여 표준보육과정의 내용범주가 명시되어 있는가? | | |
| | 활동내용에 적절한 집단형태인가? | | |
| | 활동시간은 연령을 고려하고 있는가? | | |
| | 활동의 평가는 목표에 근거한 평가를 제시하고 있는가? | | |
| 상호 작용 | 도입-전개-마무리 과정이 단계적으로 이어지는 상호작용인가? | | |
| | 활동내용과 관련된 적절한 상호작용이 계획되었는가? | | |
| | 교사의 발문 계획이 유아의 학습 동기를 자극할 수 있도록 계획되었는가? | | |
| | 유아주도/교사주도의 교수법을 효과적으로 사용하고 있는가? | | |
| 매체 | 활동유형, 유아의 특성(연령)을 고려하여 선정한 매체인가? | | |
| | 준비된 매체를 활동과정의 흐름에 맞추어 효과적으로 투입, 활용하였는가? | | |

〈 총 평 〉

•잘된 점

•개선할 점

〈표 5-4〉 실습결과 보고서 예시 ①

1. 실습 유아교육기관명 :

2. 실습기간 : 년 월 일~ 년 월 일

3. 지도교사

| 직명 | 성명 | 담당내용 | 비고 |
|---|---|---|---|
| | | | |
| | | | |
| | | | |
| | | | |

4. 실습내용

| 제1주 | 제2주 | 제3주 | 제4주 |
|---|---|---|---|
| | | | |

5. 실습결과의 평가

| 실습생 성명 | 근무 태도 (10%) | 자질 (15%) | 학습지도 능력 (50%) | 연구조사 활동 (15%) | 학급경영 및 사무처리능력 (10%) | 총 평 (100%) | 비 고 |
|---|---|---|---|---|---|---|---|
| | | | | | | | |
| | | | | | | | |
| | | | | | | | |
| | | | | | | | |
| | | | | | | | |

위 사실을 증명함.

년 월 일

유아교육기관장 직인

〈표 5-5〉 실습결과 보고서 예시 ②

## 교육실습결과보고서

1. 실습기관명 :

2. 실습 기간 : 201 년 월 일 - 월 일( 주간)

3. 지도교사

| 직 명 | 성 명 | 담당내용 | 비 고 |
|---|---|---|---|
| | | | |

4. 실습내용

| 제 1 주 | 제 2 주 | 제 3 주 | 제 4 주 |
|---|---|---|---|
| | | | |

5. 실습상황

실습생의 성적을 아래의 각 항목별 비율에 맞추어서 기록해 주시기 바랍니다.

| 학교명 및 학과명 | 실습생 성 명 | 근무 태도 (10%) | 자질 (15%) | 학습 지도 능력 (50%) | 연구조사 활 동 (15%) | 학급경영 및 사무처리 능력 (10%) | 총 평 (100%) | 비고 |
|---|---|---|---|---|---|---|---|---|
| | | | | | | | | |

위 사실을 증명함.

201 년 월 일

실습기관 원장(직인)

## ③ 실습생의 자기평가

실습생은 실습과정 중, 실습종료 후 실습에 대한 자기 평가를 하는 것이 필요하다. 실습기간 중 자기 평가는 매일 작성하는 실습일지를 통해 하루 일과 중 실습생으로서의 자신의 역할과 교육활동에 대한 느낀 점, 배운 점 등 반성적 평가를 해 볼 수 있으며, 실습 후 자기 평가는 평가척도, 실습소감문 작성, 저널 쓰기 등의 방법을 통해 4주간의 실습을 되돌아보며 평가할 수 있다. 평가표에 의한 평가는 실습과정에서 어떤 부분을 평가해야하는 지 알 수 있도록 도와주며, 실습일지는 매일의 실습과정에서 느낀 점, 생각한 점, 의문점 등을 기록하는 것을 통해 실습생의 발전을 위한 기록뿐 아니라 지도교사의 피드백을 함께 제공한다. 특히, 반성적 저널쓰기는 실습생에게 반성적 사고의 경험과 태도를 길러주며, 실천적 지식의 습득을 통해 유아교사로서의 전문성 향상에 효과적인 자기 평가 방법이다(석은조, 2005).

다음은 실습생의 자기 평가에 활용할 수 있는 평가양식과 실습소감문 예시이다.

〈표 5-6〉 실습생 자기평가표 예시 ①

**실습생 자기평가표**

실습생이름:

못함 잘함

| 번호 | 평가항목 | 척도 | | | | |
|---|---|---|---|---|---|---|
| | | 1 | 2 | 3 | 4 | 5 |
| 1 | 교육목표를 달성할 수 있는 교육내용을 유아의 흥미, 수준에 근거하여 적합하게 선정하였는가? | | | | | |
| 2 | 유아의 흥미와 능력, 사전경험을 잘 관찰하여 유아 지도계획에 활용하였는가? | | | | | |
| 3 | 교육활동계획안이 적절하게 계획, 준비되어 실행에 무리가 없었는가? | | | | | |
| 4 | 교육활동계획에 따라 자료를 충실히 준비하였는가? | | | | | |
| 5 | 유아의 행동을 민감하게 파악하며 상호작용에 최선을 다했는가? | | | | | |
| 6 | 다양한 흥미 영역에 고루 참여하여 유아의 놀이가 지속되고, 확장되도록 놀이를 촉진하였는가? | | | | | |
| 7 | 유아의 기본생활습관이 형성되도록 동기를 잘 유발하였는가? | | | | | |
| 8 | 집단활동 시 보육교사로서 다양한 교수법을 활용하여 효과적으로 집단을 이끌었는가? | | | | | |
| 9 | 유아의 부정적 정서나 갈등적 상황을 잘 파악하여 긍정적을 수용하고 적절하게 해결되도록 지도하였는가? | | | | | |
| 10 | 유아의 개별적 특성, 개인차를 고려하여 적절한 지도를 하였는가? | | | | | |
| 11 | 유아를 존중하는 언어를 사용하고, 영유아가 잘 알아들을 수 있도록 발음, 음성의 고저, 빠르기 등에 노력을 기울였는가? | | | | | |
| 12 | 교육실습일지, 활동계획, 관찰, 평가 등을 성실히 기록하였는가? | | | | | |
| 13 | 유아의 안전, 위생에 각별히 신경을 썼는가? | | | | | |
| 14 | 유아의 활동참여, 놀이 참여유형, 또래 간의 관계 등을 관찰하여 그 결과를 지도에 활용하였는가? | | | | | |
| 15 | 교실의 통풍, 채광, 정리정돈 등 청결한 환경 구성을 하였는가? | | | | | |
| 16 | 교육실습 기관의 지도 방침에 적극 협력하였는가? | | | | | |
| 17 | 교육실습 지도교사와의 관계를 원만히 유지하며 성실히 임했는가? | | | | | |
| 18 | 유아의 수준과 흥미에 적합한 활동을 계획하고 지도하고자 다양한 관련 문헌이나 자료를 찾아보고 연구하고자 노력하였는가? | | | | | |
| 19 | 교육실습 동료들과 잘 협력하였는가? | | | | | |
| 20 | 유아들과 친밀해지고 신뢰 받게 되었는가? | | | | | |
| 합 계 | | | | | | |

(※ D시 D대학 유아교육과 자료)

〈표 5-7〉 실습생의 자기평가척도 예시 ②

| 실습생 수업활동 평가표(실습생용) | | | |
|---|---|---|---|
| 생활주제 | | 실습생명 | |
| 활동명 | | 활동유형 | |
| 대상연령 | | 소요시간 | |
| 활동목표 | | | |
| 평가항목 | | 실행정도 | 수업활동 행동 내용 |
| 활동목표 | 1. 목표가 유아에게 적절하였는가? | | |
| 활동내용 | 2. 주제에 맞는 내용이었는가? | | |
| 활동자료 | 3. 활동을 위한 자료가 적절하였는가? | | |
| 활동시간 | 4. 활동을 위한 소요 시간이 적절하였는가? | | |
| | 5. 활동의 전후, 활동과의 연계가 잘 이루어졌는가? | | |
| 활동장소 | 6. 장소가 적절하였는가? | | |
| | 7. 자리 배치가 적절하였는가? | | |
| 동기유발 | 8. 도입은 유아들의 관심을 유발시켰는가? | | |
| 활동전개 | 9. 유아들을 적극적으로 참여시켰는가? | | |
| | 10. 수업전개 과정에서 상호작용이 활발하게 일어났는가? | | |
| 활동마무리 | 11. 마무리 방식을 적절하였는가? | | |

출처 : 오영희 외(2012).

〈표 5-8〉 평가척도에 의한 자기평가표 예시 ③

| 평가 요령 | 1-아주 못함. 2-못함. 3-보통. 4-잘함. 5-아주 잘함. | | | | | |
|---|---|---|---|---|---|---|
| 평가 영역 | 평가항목 | 척도 | | | | |
| | | 1 | 2 | 3 | 4 | 5 |
| 근무태도 | 근무시간을 잘 지켰는가? | | | | | |
| | 교육실습일지, 활동계획안, 과제 등을 기간 내에 제출하였는가? | | | | | |
| 교육자로서의 일반자질 | 교사에 대한 긍정적인 신념을 지니고 있었는가? | | | | | |
| | 유아에 대해 민감하고 존중하는 태도를 지녔는가? | | | | | |
| | 용모, 복장이 단정하고 언행이 바람직했는가? | | | | | |
| 교육활동 지도능력 | 지도 내용에 대해 이해를 잘 하고 있었는가? | | | | | |
| | 준비성이 있었고 계획을 잘 하였는가? | | | | | |
| | 유아 중심적이고 자율적 분위기에서 활동을 진행하였는가? | | | | | |
| | 유아가 스스로 탐색하고 호기심을 발휘하도록 동기유발을 적절히 하였는가? | | | | | |
| | 유아의 기본생활습관이 향상되도록 적절한 상황에서 이들의 수준에 맞는 지도를 하였는가? | | | | | |
| | 활동자료 제시가 적절하고 융통성이 있었나? | | | | | |
| | 유아와 상호작용은 질적으로 우수하고 효과적이었는가? | | | | | |
| | 교육실에서의 행동이나 활동 진행, 놀이 참여가 적극적이고 융통적이었는가? | | | | | |
| | 유아를 지도함에 있어 자신 있게 임하였는가? | | | | | |
| | 유아의 활동에 대한 관찰이나 평가가 적절하였는가? | | | | | |
| 연구조사활동 | 관찰활동과 활동계획에 대한 연구를 충실히 하였는가? | | | | | |
| | 교사의 역할과 직무에 대한 제반사항을 스스로 알려고 노력하였는가? | | | | | |
| | 알고 있는 이론을 적절히 현장에 적용한 후, 이를 다시 이론적으로 검토하고자 애를 썼는가? | | | | | |
| 학습경영 및 사무처리능력 | 교육실을 합리적으로 운영하고자 하는 노력을 다하였는가? | | | | | |
| | 교육 지도교사의 제반 지시 LAC 사무처리 사항을 기간 내에 성실히 수행하였는가? | | | | | |
| 전체 평가 | | | | | | |

출처: 한국보육진흥원(2010). 표준보육실습 지도지침.

〈표 5-9〉 실습소감문 예시 ①

## 실습 소감문

저는 ○○유치원에 만 5세반인 창의반에 가서 실습을 하였습니다. 한 번도 실습을 나가본 적이 없기 때문에 실습을 가기 전에 정말 걱정이 많았습니다. 하지만 유치원에 막상 가보니 원장님도 잘해주시고 선생님들도 정말 잘해주었습니다. 그래서 그런지 제가 생각했던 것 보다 힘들진 않았던 것 같습니다. 유치원에 가는 것이 행복했고 좋았습니다.

저도 제 나름대로 사교성이 좋다고 생각하였는데 아이들을 처음 마주하다 보니 긴장이 되었었나 봅니다. 아이들에게 어색하게 인사만 하고 저는 침묵을 유지했습니다. 그런데 아이들이 저에게 먼저 다가와서 "선생님 누구에요?" "000 선생님이다" 라고 말을 걸어주었습니다. 저는 아이들도 이렇게 먼저 다가와 주는데 왜 나는 다가가지 못하나 싶어서 아이들에게 많이 미안했습니다. 그래서 아이들의 이름을 하루 만에 외우려고 노력을 하였고 그 결과 아이들의 이름을 다 외웠습니다. 아이들이 자기 이름을 정확히 불러주자 무척 기뻐하였고 저도 뿌듯했습니다.

하지만 아이들을 선생님 입장에서 처음 마주하다 보니 말에서 실수가 나왔었습니다. 아직까지 아이들에게 존댓말을 하는 것이 익숙하지 않다 보니 반말이 튀어나왔고 존댓말과 반말을 섞어서 사용하게 되었습니다. 그러자 담임선생님께서 저에게 조용히 "아이들에게 존댓말을 사용해주세요. 아이들이 선생님의 말을 보고 배웁니다."라고 말씀하셨습니다. 그때 아차! 했습니다. 나도 모르는 새에 아이들에게 안 좋은 것을 가르쳐주고 있었구나. 라고 생각했습니다. 저는 그날 집에 돌아와 존댓말 연습을 시작했습니다. 아이들에게 반말이 튀어나가지 않도록 열심히 연습했습니다. 그 결과 선생님께서도 많이 좋아졌다고 칭찬해주셨습니다. 담임선생님께서는 아이들에게 존댓말을 하는 것은 아이들을 존중하기 때문이라고 했습니다. 그 말을 듣고 큰 깨달음을 얻었습니다. 처음에는 아이들에게 존댓말을 쓰는 것이 그저 아이들이 모방을 하기 때문이라고 생각하였습니다. 하지만 그것이 아니라 아이들을 존중해주기 위해 쓰고 있다니.. 정말 감동이었습니다.

그리고 부분수업과 전체 수업을 유치원에서 실제로 처음 하다 보니 진행이 매끄럽지 않았던 점이 아직까지 아쉬움이 남습니다. 선생님께서 수업하시는 것을 보고 난 뒤 제가 수업을 하는 것인데도 정말 비교가 되었습니다. 아이들을 위해 자료를 만들어 가도 제대로 활용하지도 못하고 정말 너무 아쉬웠습니다. 하지만 선생님께서는 목소리도 크고 동작도 크게 해주고 동화를 읽을 때 목소리 변조도 참 잘해주어서 잘했다고 칭찬을 아낌없이 주셨습니다. 선생님의 칭찬을 듣고 나니 더 용기가 생겼고 부족하지만 아이들에게 재미난 수업을 해주기 위해 더 열심히 만들고 준비했던 것 같습니다.

이렇게 실습을 하면서 많은 것을 배웠고 많은 것을 알아가는 것 같습니다. 그리고 제가 어느 부분에서 부족한지 깨달았던 것 같습니다. 제가 부족한 부분을 담임선생님께서 그 자리에서 바로 피드백 해주시는 것이 너무 좋았고 제가 더 발전해 나갈 수 있는 기회가 많았던 것 같습니다. 저의 어느 부분이 부족한지 알았으니 그 부족한 부분을 채워나가기 위해 더 열심히 자기계발에 힘을 써야겠다고 생각을 하게 되었습니다.

〈표 5-10〉 실습소감문 예시 ②

## 학교현장실습 소감문

이제야 해님반 친구들의 아침 인사를 자연스럽게 받아주고, 이름을 불러주고, 교실과 복도를 지날 때면 아이들의 작품들을 뿌듯한 시선으로 바라볼 수 있게 되었는데, 벌써 한 달 간의 짧은 실습이 끝이 났습니다.

처음으로 아이들에게 '선생님'이라고 불리는 위치가 되어서 지낸 실습기간은 떨림과 추억, 어쩔 수 없는 아쉬움이 함께 뒤따르는 여행과도 같은 시간이었습니다.

처음 가보는 곳으로 여행을 시작할 때의 기대와 두려움이 함께 하듯이, 유치원에 발을 들이는 저도 꼭 그랬습니다. '아이들은 어떨까, 내가 잘 할 수 있을까, 내가 교사로 잘 지낼 수 있을까' 많은 생각이 들며 안으로 들어섰지만, 아이들을 보는 순간 그런 걱정보다는 웃음이 먼저 나왔습니다.

아이들과 웃으면서 이 생각을 가장 많이 했던 것 같습니다. '어떤 일을 하면서 이렇게 웃을 수 있을까?', 회사나 병원에서 이렇게 행복하게 웃으면서 일을 할 수는 없을 것 같다는 것입니다. 아이들과 함께 하기에, 이렇게 즐거울 수 있는 최고의 직업이라는 것을 크게 느꼈습니다.

정말 많은 일들이 교사로서의 의지를 굳게 만들어주었지만, 며칠 전, 유치원으로 출근하면서 들었던 그 말에 느낀 행복은 앞으로 유치원 교사를 하면서 계속 생각이 날 것 같습니다.

저희 반 아이의 누나가 "누구야?" 라고 묻는 말에 "우리 반 선생님!"이라고 말해주었을 때, 정말 순수한 고백에 감동받고, 꾸밈없는 감정표현에 행복했었습니다.

이런 행복은 다른 어떤 일로는 느낄 수 없는 소중한 것이라는 것, 가슴 속에 새기고 아이들과 함께 하는 교사가 되고 싶습니다.

실습을 나가기 전, 학교에서 배운 것과 현장은 다르다는 말을 많이 들었었는데, 오히려 학교에서 배운 여러 가지의 것들을 떠올리며 실습을 이어나갈 수 있었던 것 같습니다. 모두 조금씩 쌓였기 때문에 이 정도로 실습을 무사히 해낼 수 있었다고 느꼈습니다.

학교에서 어른들을 대상으로 수업을 할 때보다 아이들과 이야기하며 예상하지 못 했던 기발한 의견들로 흥미에 맞게 활동을 확장시켜나가는 즐거움이 더욱 컸고, 즐겁게 참여해 주는 아이들을 보면서 수업을 준비하는 재미를 느낄 수 있었습니다.

'모든 어린이는 꽃이다'라는 말을 4주간의 실습기간 동안 매 순간 느낄 수 있도록 해준 우리 해님반 친구들, 아직 많이 미흡한 선생님이었지만 우리 친구들에게 좋은 선생님으로 기억되었으면 더 바랄 것이 없는 실습이었습니다.

저를 처음으로 선생님이라고 불러주었던 우리 해님반 친구들이 앞으로 더더욱 활짝 피어나길 기도합니다. 해님반에게 부끄럽지 않은 교사가 되도록 노력하겠습니다.

## 4 대학에서의 평가

현장실습에 대한 대학에서의 평가는 학교현장실습 교과목 담당 교수에 의해 이루어진다. 담당교수는 실습생의 실습결과에 대한 최종적인 평가를 한다. 실습기관에서 평가한 실습결과보고서와 실습 순회지도를 통해 파악한 실습기관의 상황과 실습생에 대한 관찰기록, 실습생이 제출한 실습일지, 연구수업계획안, 교구제작계획서 등과 같은 각종 기록물과 과제 수행자료를 근거로 종합적이고 객관적인 평가를 한다. 또한 실습을 마친 후 교사양성기관에서는 지도교수와 실습생이 함께 실습평가회를 통해 실습기관의 시설 및 프로그램, 교사의 인간관계, 실습 시 어려웠던 점, 실습 전·후로 변화된 점, 학교에 대한 건의사항 등을 평가한다. 교사양성기관에서도 실습기관과 동일한 평가기준을 사용할 수 있으나 다양한 평가도구나 준거를 활용하여 종합적인 평가를 실시하는 것이 바람직하며 실습에 대한 구체적이고 실질적인 문제점을 찾아 개선방안을 모색하도록 한다(임승렬, 2012).

실습기관에서 실습이 끝난 후 교사양성기관에서는 실습기관의 원장, 실습 지도교사, 실습생이 함께 평가회를 실시한다. 이러한 평가회는 실습생과 실습생을 보낸 학교의 교수진, 앞으로 실습을 나갈 후배들이 실습에 대해 같이 되돌아보며 평가하는 과정을 의미하기도 한다. 학교에서 이루어지는 평가회에서 실습생은 실습의 의미를 되돌아보고, 실습을 통해 배운 것들, 감격했던 부분들, 어려웠던 부분 등을 돌아보며 이러한 부분을 교수와 후배들과 나눌 수 있다. 교수는 실습에 대한 것을 학생 입장에서 파악할 수 있는 기회가 된다. 앞으로 실습을 나갈 후배들은 실습에 대한 사전 지식을 갖게 하고, 미리 준비할 수 있는 기회가 된다. 그러나 이러한 평가회가 실습지에 대한 성토가 되어서는 안 되며, 실습지 각각의 장·단점, 졸업하기 전에 학교교육에서 보충되어야 할 부분들, 실습생이 미리 준비되어야 할 부분들이 같이 논의되어야 할 것이다(김유정 외, 2011).

CHAPTER

# 06

# 실습일지 작성

현장실습생 성명 : (학번 : )

현장실습 유치원 :

현장실습 지도교사 :

현장실습 기간 : 년 월 일 ~ 년 월 일 (4주간)

| 요일 / 주 | 월 | 화 | 수 | 목 | 금 | 토 |
|---|---|---|---|---|---|---|
| 제 1 주 | 월 일 | 월 일 | 월 일 | 월 일 | 월 일 | 월 일 |
| | | | | | | |
| 제 2 주 | 월 일 | 월 일 | 월 일 | 월 일 | 월 일 | 월 일 |
| | | | | | | |
| 제 3 주 | 월 일 | 월 일 | 월 일 | 월 일 | 월 일 | 월 일 |
| | | | | | | |
| 제 4 주 | 월 일 | 월 일 | 월 일 | 월 일 | 월 일 | 월 일 |
| | | | | | | |
| | 결근일 : 일 | | 조퇴 : 일 | | 지각 : 일 | |

※ 각 날짜 란에 날인하고, 결근의 경우는'결', 조퇴는'조', 지각은 '지'로 기입

## 사도헌장

- 오늘의 교육은 개인의 성장과 사회의 발전과 내일의 국운을 좌우한다. 우리는 국민교육의 수임자로서 존경받는 스승이요, 신뢰받는 선도자임을 자각한다. 이에 긍지와 사명을 세로이 명심하고 스승의 길을 밝힌다.
- 우리는 제자를 사랑하고, 개성을 존중하며 한 마음 한 뜻으로 명랑한 학풍을 조성한다.
- 우리는 폭넓은 교양과 부단한 연찬으로 교직의 전문성을 높여 국민의 사표가 된다.
- 우리는 원대하고 치밀한 교육계획의 수립과 성실한 실천으로 맡은 바 책임을 완수한다.
- 우리는 서로 협동하여 교육의 자주 혁신과 교육자의 지위 향상에 적극 노력한다.
- 우리는 가정교육, 사회교육과의 유대를 강화하여 복지국가 건설에 공헌한다.

## 사도강령

### 전문

민주국가의 주인은 국민이므로 나라와 주인을 주인답게 길러내는 교육은 가장 중대한 국가적 과업이다.

우리 겨레가 오랜 역사와 찬란한 문화를 계승·발전시키며, 선진제국과 어깨를 나란히 하여 인류 복지 증진에 주도적으로 기여하려면 무엇보다도 문화 국민으로서의 의식개혁과 미래 사회에 대비한 창의적이고 자주적인 인간 육성에 온 힘을 기울여야 한다.

그러기 위하여 우리 교육자는 국가발전과 민족 중흥의 선도자로서의 사명과 긍지를 지니고 교육을 통하여 국민 각자의 능력을 최대한 계발하여 개인의 자아실현과 국력의 신장, 그리고 민족의 번영에 열과 성을 다하여야 한다.

또한 교육자의 품성과 언행이 학생의 성장·발달을 좌우할 뿐만 아니라 국민 윤리 재건의 관건이 된다는 사실을 명심하고 사랑과 봉사, 정직과 성실, 청렴과 품위, 준법과 질서에 바탕을 둔 사도 확립에 우리 스스로 헌신하여야 한다.

이러한 우리의 뜻은 교직에 종사하는 모든 교육자가 공동체의식을 가지고 노력하여야만 이루어질 수 있다는 것을 인식하고 사도헌장 제정에 때맞추어 우리의 행동 지표인 현행 교원윤리 강경을 사도강령으로 개정하여 이를 실천함으로써 국민의 사표가 될 것을 다짐한다.

제1장 스승과 제자

스승의 주된 임무는 제자로 하여금 고매한 인격과 자주정신을 가지고 국가 사회에 봉사할 수 있는 유능한 국민을 육성하는데 잇다. 그러므로

① 우리는 재자를 사랑하고 그 인격을 존중한다.
② 우리는 제자의 심신발달이나 가정환경에 따라 차별을 두지 아니하고 공정하게 지도한다.
③ 우리는 제자의 개성을 존중하며 그들의 개인차와 욕구에 맞도록 지도한다.
④ 루이는 제자에게 직업의 존귀함을 깨닫게 하고, 그들의 능력에 알맞은 직업을 선택하도록 지도한다.
⑤ 우리는 자기 향상을 위하여 전문적인 지식과 전문화된 기술을 계속 연마하는데 주력한다.

제2장 스승의 자질

스승은 스승다워야 하며 제자의 거울이 되고 국민의 사표가 되어야 한다. 그러므로

① 우리는 확고한 교육관과 긍지를 가지고 교직에 종사한다.
② 우리는 언행이 건전하고 생활이 청렴하여 제자와 사회의 존경을 받도록 한다.
③ 우리는 단란한 가정을 이룩하고 국법을 준수하여 사회의 모범이 된다.
④ 우리는 학보모의 경제적 · 사회적 지위를 이용하지 아니하며 에에 좌우되지 아니한다.
⑤ 우리는 자기 향상을 위하여 전문적인 지식과 전문화된 기술을 계속 연마하는데 주의한다.

제3장 스승의 책임

스승은 제자 교육에 열과 성을 다하여 맡은 바 책임을 다하여야 한다. 그러므로,

① 우리는 사회의 일원으로서 책임과 의무를 다한다.
② 우리는 교재 연구와 교육자료 개발에 만전을 기하여 수업에 최선을 다한다.
③ 우리는 생활지도와 중요성을 인식하여 제자들이 올바른 사람이 될 수 있도록 지도의 철저를 기한다.
④ 우리는 교육의 성과를 공정하게 평가하고 이를 교육에 충분히 활용한다.
⑤ 우리는 제자와 성인들을 위한 정규교과의 활동에 적극 참여한다.

제4장 교육자와 단체

교육자는 그 지위의 향상과 복지의 증진을 위하여 교직단체를 조직하고 적극 참여함으로써 단결된 힘을 발휘할 수 있다. 그러므로,

① 우리는 교직단체 활동을 통하여 교육자의 처우와 근무조건의 개선을 꾸준히 추진한다.
② 우리는 교직단체 활동을 통하여 교육자의 자질 향상과 교권의 확립에 박차를 가한다.
③ 교직단체는 교육의 혁신과 국가의 발전을 위하여 다른 직능단체나 사회단체와 연대 협동한다.
④ 교직단체는 교육의 혁신과 국가의 발전을 위하여 다른 직능단체나 사회단체와 연대 협동한다.

제5장 스승과 사회

스승은 제자의 성장·발달을 돕기 위하여 학부모와 협력하며, 학교와 사회와의 상호작용의 원동력이 되고 국가 발전의 선도자가 된다. 그러므로,

① 우리는 학교의 방침과 제자의 발달상황을 가정에 알리고 학부모의 정당한 의견을 학교교육에 반영시킨다.
② 우리는 사회의 실정을 정확하게 파악하고, 지역사회의 생활과 문화 향상을 위하여 봉사한다.
③ 우리는 사회의 요구를 교육계에 반영하며 학교의 교육활동을 사회에 널리 알린다.
④ 우리는 국민의 평생교육을 위하여 광범위하게 협조하고 그 책임이 된다.
⑤ 우리는 확과한 국가관과 건전한 가치관을 가지고 국민의식 개혁에 솔선수범하며, 국가발전의 선도자가 된다.

## 실습생의 준수사항

- 매일의 실습생활은 실습유치원의 규정에 따른다.
- 실습생의 복장, 언행 그리고 태도 등 교사로서의 품행을 지니도록 한다.
- 실습생은 결근, 지각, 조퇴를 엄금하며 소정시간 출근과 동시에 교생 출근부에 날인한다(원장, 지도교사보다 먼저 출근할 것).
- 부득이 결근, 조퇴를 할 때는 사전에 현장실습유치원의 허락을 받는다.
- 근무시간 중에는 외출을 금하며 점심은 도시락을 지참한다.
- 원외에서 원아 또는 보호자와 사사로이 원아에게 처벌은 물론 시상도 하지 않는다.
- 실습생은 실습유치원의 허락 없이 원아에게 처벌은 물론 시상도 하지 않는다.
- 현장실습 때문에 현장실습유치원 및 원아의 정상적인 교육활동에 장애되는 일이 없도록 한다.
- 현장실습일지는 그날 기록하여 퇴근 시에 지도교사에게 제출하도록 한다.
- 실습생은 실습유치원의 교육목적과 교육방침을 깊이 이해하고, 이를 달성하기 위하여 적극적으로 협력하고 참여한다.
- 실습생의 수업참관은 반드시 담당교사의 양해를 얻은 후 하도록 한다.
- 현장실습유치원의 중요한 사항이나 정보 및 원아의 개인적인 비밀을 누설하지 않는다.
- 현장실습의 의의와 목적, 그리고 실습생의 위치 등을 명심한다.
- 매일 매일의 자기평가를 통하여 교사로서 부족한 점을 보완하고 인성함양에 정진한다.
- 현장실습이 끝나면 현장실습일지는 지체 없이 대학에 제출한다.
- 자기의 모든 능력과 성실한 마음과 태도로 현장실습에서 임한다.

## 유치원 원훈

## 교육목표

## 유치원 연혁

## 학급의 특징

## 교직원 구성

## 유치원의 위치

# 유치원 배치도

# 교실 배치도

# 실 습 일 정 표

## 교육실습 일정표

| 구분 / 주 | 월 일 | 유치원(학급) 행사 | 교육실습 계획 | 기타 사항 |
|---|---|---|---|---|
| 제 1주 | | | | |
| 제 2주 | | | | |
| 제 3주 | | | | |
| 제 4주 | | | | |

# 연간교육계획안

※ 현장실습유치원 해당 자료를 복사하여 부착

# 연간교육계획안

♧ 실습유치원의 계획안 부착

# 연간교육계획안

※ 현장실습유치원 해당 자료를 복사하여 부착

# 주간교육계획안(1)

※ 실습유치원 해당 자료를 복사하여 부착

# 주간교육계획안(2)

※ 실습유치원 해당 자료를 복사하여 부착

# 주간교육계획안(3)

※ 실습유치원 해당 자료를 복사하여 부착

# 주간교육계획안(4)

※ 실습유치원 해당 자료를 복사하여 부착

# 현장실습 일지

| | 실습교사 | 지도교사 | 원감 | 원장 |
|---|---|---|---|---|
| 20 년 월 일 ( 요일) | | | | |

| 생활주제 (주제) | | 소주제 | |
|---|---|---|---|
| 목 표 | | | |

| 시간/활동명 | 활동 내용 | 자료 및 유의점 |
|---|---|---|
| | | |

| 시간/활동명 | 활동 내용 | 자료 및 유의점 |
|---|---|---|
| | | |

| 시간/활동명 | 활동 내용 | 자료 및<br>유의점 |
|---|---|---|
| | | |
| 협의(참고)<br>사 항 | | |
| 실 습 생<br>자기평가 | | |
| 지도교사<br>조 언 | | |

# 단위(부분)수업안 및 연구수업안

<table>
<tr><td>생활주제<br>(주제)</td><td colspan="2"></td><td>소주제</td><td></td></tr>
<tr><td>목 표</td><td colspan="4"></td></tr>
<tr><td>시간/활동명</td><td colspan="3">활동 내용</td><td>자료 및<br>유의점</td></tr>
<tr><td></td><td colspan="3"></td><td></td></tr>
</table>

| 시간/활동명 | 활동 내용 | 자료 및<br>유의점 |
|---|---|---|
| | | |
| 협의사항 | | |
| 실 습 생<br>자기평가 | | |
| 지도교사<br>평가 | | |

## 교육실습을 마친 소감

## 교육실습기관에 바라는 사항

# 교육실습을 마친 소감

# 참고문헌

강영실, 오경숙, 김혜영, 박창옥(2016). 부모교육. 공동체.

강혜원, 김성원, 석은조, 오성숙, 최효정(2012). 유아생활지도 및 상담. 양서원.

공석영, 이규명, 이은삼, 방인옥, 김명숙(2008). 유아생활지도. 양서원.

교육과학기술부(2012). 5세 누리과정 교사용 지도서. 제1권 유치원과 친구. 교육과학기술부.

교육과학기술부(2013). 누리과정 교사용지도서. 총론. 교육과학기술부.

교육과학기술부 · 보건복지부(2013). 3~5세 연령별 누리과정 교사용 지침서. 교육과학기술부. 보건복지부.

교육과학기술부 · 육아정책 연구소(2012). 육아인성교육을 위한 교사용 부모상담 가이드북.

교육부(2015). 누리과정 총론. 교육부.

권민균, 권희영, 문혁준, 성미영, 신유림, 안선희, 안효진, 이경옥, 천희영, 한유미, 한유진, 한혜신(2005). 아동발달. 창지사.

권정윤, 안혜준, 송승민, 권희경(2013). 유아생활지도. 학지사.

김나영, 이경일, 정욱호, 홍계옥(2004). 영유아발달. 양서원.

김영옥(2012). 부모교육. 공동체.

김영옥(2016). 부모교육. 공동체.

김혜경(2015). 부모도 이미지 메이킹이 필요하다.

문혁준, 서소성, 이주현, 정지나, 하지영, 김민희(2016). 아동생활지도. 창지사.

박근주, 조경옥, 노성향, 최수경, 강양자(2015). 영아교사를 위한 부모상담 실제. 양서원.

변영계, 김영환(1996). 교육방법 및 교육공학. 학지사.

서명원, 유경량, 채소희(2010). 영유아 생활지도. 양서원.

소순복, 정진화, 빅진옥(2015). 영유아 교수학습방법. 학지사.

안영진(2007). 유아생활지도. 창지사.

오성숙(2016). 영유아교육과정. 창지사.

오성숙 · 정용부(2005). 교과교재 연구및 지도법. 학지사.

오영희, 임영옥, 서정희, 서영선(2012). 영유아보육교육기관 실습의 이론과 실제. 21세기사.

유연화, 서정연(2016). 영유아교사를 위한 부모상담의 실제. 공동체.

이순형 외(2013). 아동생활지도. 학지사.

이영석, 임명희, 이정화(2003). 현대 유아교육과정. 형성출판사.

임부연, 오정희(2010). 영유아 교수학습방법. 동문사.

임부연, 최남정, 양혜련(2010). 유아교과교육론. 공동체.

임승렬(2012). 보육실습. 공동체.

조은주, 최일선(2011). 유아교육기관에서의 생활지도. 창지사.

지성애, 홍혜경(2007). 영 · 유아 생활지도. 양서원.

천호성(2008). 수업분석의 방법과 실제. 학지사.

최규현(2010). 가족상담 및 치료. 공동체.

최지영(2010). 아동생활지도. 동문사.

하승민, 서지영, 감현아, 마주희, 서혜전, 장전백(2008). 아동상담. 공동체.

홍연숙, 김진선, 송윤경(2006). 영유아 생활지도. 공동체.

황선희(2015). 유아교사를 위한 생활지도 및 상담. 양서원.

Bandura, A, & Walters, R. H.(1963). Aggression. In H. W. Stevenson(Ed.), Child psychology. Chicago : NSSE. 364-415.

Burger, J. M.(2000). personality(5th ed). Belmont, CA: Wadsworth.

ordon, A, & Browne, K. W.(1996). Guiding young children in a diverse society. Neesham Heights, MA : Ally & Bacon.

Miller, P.H. (1993). Theories of developmental psychology. NY: Freeman.

Miltenberger, R. G. (2008). 행동수정. 안병환 · 윤치연 · 이영순 · 이효신 · 천성문 공 역. 서울: 시네마프레스.

Papalia, D.E, Olds, S. W., & Feldman, R.D(2006). A child's world: Infancy through adolescence(10th ed.). NY: McGraw Hill.

Vygotsky, L, S.(1978). Mind in society: The development of higher psychological processes. Cambridge, MA: Harvard University press.

## 저/자/소/개

■ **석은조**

대구대학교 사범대학 유아교육과

대구대학교 대학원 유아교육과 석사 및 박사

현) 대구보건대학교 유아교육과 교수

〈저서〉 유아교육개론, 놀이지도, 영유아교육과정, 보육교사론 등

■ **오성숙**

대구대학교 대학원 교육학박사

현) 부산과학기술대학교 유아교육과 교수

〈저서〉 영유아발달(양성원), 유아교육론


예비유아교사를 위한

**학교현장실습**

1판 1쇄 인쇄 – 2017년 2월 15일
1판 1쇄 발행 – 2017년 2월 25일

**편 저 자** - 석은조 · 오성숙
**발 행 인** - 강 철 원
**발 행 처** - 양 성 원
**주 소** - 경기도 파주시 검산로 173번길 29-20
**전 화** - 031-946-3861(代)
**팩 스** - 031-946-3864
**이 메 일** - tnwpub@naver.com
**홈페이지** - tnwpub.co.kr
**출판등록** - 2015년 8월 31일 제 2015-000211 호

ISBN 979-11-6126-005-1

**정가 15,000원**